Ihr Hobby

Süßwasser-Stachelrochen

Hans Gonella
& Dr. Herbert Axelrod

INHALTSVERZEICHNIS

E-mail: bede-Verlag@t-online.de; Internet: http://www.bede-verlag.de
Konzept der Reihe „Ihr Hobby...", Herstellung und Gestaltung: bede-Verlag
Fachliche Durchsicht: Dr. Jürgen Schmidt, Ruhmannsfelden.

Bildnachweis: Dr. Herbert Axelrod, Bernd Degen/bede-Verlag, Hans Gonella, Dr. Jürgen Schmidt/bede-Verlag sowie Yvette Tavernier/Animaqua, sofern nicht anders vermerkt.

ISBN: 3-933 646-08-1
bede-Bestellnummer: HO 388

Einleitung

Mit Süßwasserstachelrochen im Heimaquarium nehmen faszinierende Fische Einzug in den häuslichen Bereich des Menschen. Gleichzeitig nimmt der Pfleger aber auch eine gehörige Portion Verantwortung auf sich, möchte er den urtümlich anmutenden Fischen eine angemessene Pflege zukommen lassen. Obschon die Süßwasserstachelrochen an und für sich problemlos gepflegt werden können, stellen sie doch einige Ansprüche, die – wenn sie nicht erfüllt werden – mit erheblichem Schaden für die Fische enden. Leider sterben auch heute noch zahlreiche Süßwasserstachelrochen, weil sie entweder in zu kleinen Aquarien gepflegt oder unzureichenden Wasserqualitäten ausgesetzt werden.

Nur allzu leicht werden die Süßwasserstachelrochen als Fische der Superlative angesehen. Aufgrund ihres verhältnismäßig hohen Kaufpreises könnte man leicht dem Gedanken verfallen, mit den Süßwasserstachelrochen etwas besonderes zu erwerben, was den Status des Pflegers unterstreichen soll. Oder anders formuliert – die Rochen verleiten dazu, ihres Giftstachels wegen, den „ultimativen Kick" bei der Fischpflege erleben zu wollen. Beidem vermögen aber die wunderschönen Fische nicht gerecht zu werden. Vielmehr verlangen sie vom Pfleger ein Höchstmaß an Aufmerksamkeit und die Bereitschaft, ihnen – entsprechend ihrer Bedürfnisse – eine gute Pflege zukommen zu lassen. Schon allein die zu erwartende Körpergröße der Rochen, die zwischen 60 bis 80 cm liegt, läßt bereits erahnen, welche Grundfläche für ein Aquarium benötigt wird. Desweiteren handelt es sich bei den Süßwasserstachelrochen um sehr lebhafte Tiere, die – wenn sie in einem zu kleinen Aquarium gepflegt werden – dem Pfleger bald die Freude an ihrer Betreuung nehmen können. Nichts ist wohl tragischer, als zu sehen, wie ein gesunder, kräftiger und voller Lebenslust strotzender Rochen versucht, seinen Bewegungsdrang in der Enge eines zu kleinen Aquariums auszuleben. Als Folge davon wird der Pfleger früher oder später versuchen, sicher etwas frustriert, einen neuen Pflegeplatz ausfindig zu machen.

Das vorliegende Buch soll auf alle zu berücksichtigenden Aspekte einer möglichst artgerechten Rochenpflege hinweisen, um eine erfolgreiche Pflege in unmittelbare Nähe zu rücken. Der wißbegierige Pfleger wird beim aufmerksamen Durchlesen des Buchs sicher auch bemerken, daß der Wissensstand um die Süßwasserstachelrochen bei weitem nicht so umfangreich ist, wie man annehmen möchte. Vieles ist noch unbekannt und manche Rätsel sind von der Wissenschaft noch zu entschlüsseln.

Im Uferbewuchs, hier am Rio Negro, verstecken sich die Stachelrochen bevorzugt. Foto: bede-Verlag

Zudem bestehen im Bereich der Systematik noch Wissenslücken, die sich dadurch bemerkbar machen, daß laufend Rochen eingeführt werden, die noch keiner Art zugeordnet werden können. Oft sind Artenbezeichnungen reine Spekulation, da gesicherte Erkenntnisse für die Bestimmung der Arten fehlen.
An verschiedenen Stellen des Buchs werden gewisse Sachverhalte wiederholt, und zwar überall dort, wo sie zum besseren Verständnis der voneinander abhängigen Pflegeaspekte von Nutzen sein könnten. Deswegen sollte es auch möglich sein, diese Ausführungen als Nachschlagewerk zu nutzen, um schnell eine Antwort auf einen bestimmten Sachverhalt zu erhalten.
Trotz aller Mahnungen und den nicht zu unterschätzenden Ansprüchen der Rochen, sollte es sich der interessierte Pfleger nicht nehmen lassen, sich mit den faszinierenden Süßwasserbewohnern eingehend zu beschäftigen. Sie werden es ihm mit fantastischen Erlebnissen danken.

Die Unterseite der Rochen ist hell, da sie sich hier nicht tarnen müssen.

Anhand dieser Aufnahme eines Rochenweibchens sind die an der Körperunterseite liegenden Kiemen gut sichtbar. Damit eingegrabene Rochen dennoch ungehindert Atmen können, verfügen sie über zwei Spritzlöcher, die sich seitlich, hinter den Augen befinden. Foto: Yvette Tavernier

Was sind Rochen?

„Bei den Rochen handelt es sich um abgeplattete Fische, welche die Weltmeere besiedeln." Zumindest ist diese Definition von manchem flüchtigen Betrachter zu vernehmen. Tatsächlich leben die meisten Rochenarten im Meer. Bekannteste Vertreter sind wohl die eine beachtliche Spannweite besitzenden Teufelsrochen oder auch Manta genannten Geschöpfe, die aus vielen Meeresdokumentationen vom Fernsehen bekannt sind. Desweiteren sind die Familien der Zitter-, Adler-, Geigen- und echten Rochen bekannt. Ebenso weisen die Sägerochen einen beachtlichen Bekanntheitsgrad auf; nicht zu vergessen die Stachelrochen, die sowohl im Meer als auch im Süßwasser vorkommen.

Die meisten Aquarienfische zählen zu den Knochenfischen; insgesamt sind weit über 20 000 Knochenfischarten bekannt. Die Rochen gehören dagegen zu den Knorpelfischen. Unter den Fischen bilden die Knorpelfische mit rund 1000 Arten eine kleine Gruppe. Innerhalb des Wirbeltierstamms bilden die Rochen eine eigene Ordnung in der Klasse der Knorpelfische. Zu den Knorpelfischen gehören die Haie, die Rochen und die Seekatzen, auch Seedrachen genannt. Die Haie und Rochen sind miteinander verwandt. Einige Rochenarten weisen sogar eine haiähnliche Gestalt auf und einige Haie ähneln Rochen.

Wie sich schon aus dem Namen „Knorpelfische" schließen läßt, besteht das Skelett dieser Fischgruppe fast ausschließlich aus knorpeligem Material. Dem Skelett fehlen jegliche Knochenbestandteile. Deswegen ist es auch biegsam; und trotzdem ist es sehr zäh beschaffen, um die nötige Festigkeit zu gewährleisten. Nur in den knorpeligen Wirbelkörpern und einigen weiteren Skeletteilen finden sich Kalkablagerungen. Außerdem verfügen auch noch die Schuppen und die Kieferzähne über Knochanteile.

Die Fischgruppe der Haie und Rochen wird auch „Elasmobranchier" genannt. Sie leben sowohl im Süß- wie auch im Meerwasser. Die Seekatzen oder Chimären sind dagegen nie ins Süßwasser vorgedrungen. Innerhalb der Elasmobranchier können zwei Gruppen unterschieden werden. Nebst den wenigen „echten" Süßwasserknorpelfischen leben viele andere, aus dem Meer stammende, Knorpelfischarten zumindest zeitweilig im Süßwasser. Der große Rest der Knorpelfische ist aber ans Leben im Meer gebunden. Lediglich die Süßwasserstachelrochen und die Süßwasserhaie haben sich völlig ans Leben im Süßwasser angepaßt. Alle anderen Haie, Sägefische und Rochen, die in die Flüsse vordringen, kehren spätestens zur Fortpflanzung ins Meer zurück.

Die Lebensräume der Rochen umspannen den gesamten Erdball. Rochen besiedeln die Tiefen der Weltmeere bis 3000 Meter unter dem Meeresspiegel. Rochen leben sowohl in den gemäßigten Zonen als auch in den Subtropen und den tropischen Gebieten. Am häufigsten werden die Rochen im flachen Wasser der Küstengebiete von Tauchern beobachtet. Manche Rochenarten verbringen auch einen Teil ihres Lebens im Brackwasser, also in jenen Zonen, in denen sich die großen Flüsse und Ströme der Kontinente ins Meer ergießen und gewaltige Süßwassermengen mit sich führen. Dadurch verringert sich der Salzgehalt der entsprechenden Gewässer der Küstenregionen erheblich. Vom Brackwasser aus dringen einige Arten weiter ins Süßwasser vor und schwimmen zum Teil große Strecken der Flußläufe hinauf. Dort verbringen sie dann einen Teil ihres Lebens. Der Wechsel vom Salz- ins Süßwasser erfordert eine erhebliche körperliche Umstellung. Wie dies die Rochen, aber auch die Haie bewältigen, ist eines der vielen Rätsel, welche die Elasmobranchier auch heute noch umgeben.

Süßwasserstachelrochen

Die Stachelrochen, im allgemeinen Sprachgebrauch auch Stechrochen genannt, bilden eine eigene Fischfamilie. Diese besteht unter anderem aus den Gattungen *Dasytis* und *Himantura* sowie den *Potamotrygon*-Arten. Letztere sind die eigentlichen südamerikanischen Süßwasserstachelrochen. Sie sind zudem die einzigen Süßwasserstachelrochen, die dauerhaft in Heimaquarien gepflegt werden können. Insbesondere die asiatischen Süßwasserrochen der Gattung *Himantura* erreichen extrem große Körperdurchmesser, die eine artgemäße Pflege im häuslichen Umfeld unmöglich machen.

Die nachfolgenden Ausführungen beschränken sich folglich auf die mehr oder weniger häufig in Heimaquarien gepflegten südamerikanischen Süßwasserstachelrochenarten, des Potamotrygoniden; davon ausgenommen sind einige ergänzende Anmerkungen zur Biologie und Entwicklungsgeschichte der Rochen, die zum besseren Verständnis beitragen sollen. Es bestehen lediglich bei den südamerikanischen Süßwasserstachelrochen ausreichend Pflegeerfahrungen aus Heimaquarien. Inwieweit diese auch auf andere Süßwasserstachelrochen übertragen werden können, ist noch nicht ausreichend bekannt. Ohnehin werden von den Importeuren meist nur bestimmte Süßwasserstachelrochen aus Südamerika eingeführt. Dabei handelt es sich vorwiegend um die drei Arten *Potamotrygon motoro*, *P. leopoldi* und *P. orbignyi* (letztere Art ist auch unter dem Namen *P. reticulatus* bekannt). Deshalb beschränken sich die Pflegeanleitungen auf die Erfahrungen mit diesen drei Arten. Allerdings darf nach heutigem Wissensstand davon ausgegangen werden, daß die Pflegeanforderungen anderer südamerikanischen Süßwasserstachelrochen nicht wesentlich davon abweichen.

Gestalt, Körperfunktionen und Körperbau

Die äußere Gestalt, die Körperfunktionen und der Bauplan der südamerikanischen Süßwasserstachelrochen unterscheiden sich in vielerlei Hinsicht kaum von anderen Rochenarten. Das Aussehen ist typisch für die Rochen, nämlich scheibenförmig und abgeplattet.

Mit wellenartigen Schwimmbewegungen, die von den Flossensäumen ausgehen, gleiten die Rochen durchs Wasser. Alleine nur durch die breiten Brustflossensäume angetrieben, erreichen sie eine erstaunliche Geschwindigkeit. Dabei bleibt die Körperachse unbewegt. Dafür ist das bei fast allen Rochenarten vorkommende, versteifte Rückgrat verantwortlich, welches die Fortbewegung beeinflußt.

Die Brustflossen sind so umgebildet, daß sie beinahe die ganze Körperscheibe einfassen. Gleich beim Schwanzansatz, an der Körperunterseite, befinden sich die Bauchflossen. Die After- und Rückenflossen fehlen. Dafür haben die südamerikanischen Süßwasserstachelrochen eine Schwanzflosse am Ende des langen Schwanzes. Unmittelbar neben den Bauchflossen, links und rechts neben der Kloake angeordnet, verfügen die Männchen über zwei sekundäre Geschlechtsorgane. Dabei handelt es sich um umgebildete Bauchflossenfortsätze. Die röhrenartig geformten Fortsätze dienen zur inneren Befruchtung, indem das Männchen eines der Begattungsorgane in die Kloake des Weibchens einführt. So wird ein Verlust von Spermien möglichst gering gehalten. Die sekundären Geschlechtsorgane der Männchen dienen zugleich der Geschlechterbestimmung. Sie sind schon nach der Geburt an den Jungrochen gut zu erkennen. Bei manchen Rochenarten sind die Begattungsorgane noch klein. Wieder bei anderen Arten scheinen sie länger. Mit zunehmendem Alter erlangen die Begattungsorgane eine beachtliche Größe.

Auf dem Schwanz sind bei den heute bekannten südamerikanischen Süßwasserstachelrochen eine Reihe von mehr oder weniger ausgeprägten spitzen Dornen angeordnet. Sie finden ihre Fortsetzung sozusagen im Rochenstachel, der von einem feinen Häutchen umgeben ist. Unter dem Stachel wächst vielfach schon ein zweiter Stachel nach. Bei gegebener Zeit wird dieser den ersten Stachel ersetzen. Manchmal ist sogar schon ein dritter, sehr kleiner Stachel unter den ersten beiden Stacheln verborgen. Der Stachel wird bei ausgewachsenen Rochen nur noch etwa einmal pro Jahr erneuert. Jungfische können dagegen mehrmals im Jahr einen neuen Stachel ausbilden. Beim Schwanzstachel, wie auch bei den spitzen Dornen handelt es sich um vergrößerte oder modifizierte Placoidschuppen.

Der Rochenstachel ist flach und beidseitig gesägt. Fest im Gewebe verankert, stellt er eine gefährliche Verteidigungswaffe dar. Er ist so hart, daß er – bei einem kräftigen Schwanzschlag – selbst in Holz eindringen kann. Neben der Wunde, die ein Stachel hinterläßt, erhält er seine Gefährlichkeit in erster Linie durch sein Gift, welches bei Berührung freigesetzt wird. Das Gift entsteht an der Stachelbasis. Die Giftzellen, die wahrscheinlich ergänzend durch zwei Giftdrüsen das Gift produzieren, stehen in Verbindung mit den nahegelegenen schleimbildenden Zellen. Diese sind dann auch für den Gifttransport zum Stachel verantwortlich. Das Gift sammelt sich unter dem feinen Stachelhäutchen und bleibt dort, bis es freigesetzt wird. Sehr wahrscheinlich helfen die gut ausgeprägten gezackten Seiten des Stachels mit, das Gift freizusetzen. Sobald der Stachel zur Abwehr eingesetzt wird, reißt das Häutchen entlang der Stachelzacken auf und das Gift kann ausfließen. Die Beschaffenheit des Gifts ist noch unzureichend erforscht. Unter anderem führt aber sogenanntes Serotonin in Verbindung mit freien Aminosäuren, Enzymen und weiteren Proteinen zu schweren Vergiftungen.

Eine Besonderheit sind die Rochenschuppen. Bei Berührung fühlen sie sich wie die rauhe Oberfläche von Sandpapier an. Die fest in der ledrigen Haut sitzenden Schuppen der Rochen werden Placoidschuppen genannt. Die in der Haut sitzende Basalplatte einer Schuppe dient der Verankerung. Darüber liegt der sichtbare Hautzahn. Die Basalplatte besteht zu einem großen Teil aus Knochenmaterial. Die Spitzen der Placoidschuppen bestehen dagegen aus Zahnbein (Dentin). Ihre Oberflächen weisen desweiteren einen Überzug mit Zahnschmelz auf. Je nach Rochenart sind die Placoidschuppen sehr unterschiedlich geformt. Sie sind sehr unregelmäßig auf dem Körper verteilt, wobei stellenweise, aber vor allem auf der Körperunterseite die Haut unbeschuppt ist. Die unzähligen, kleinen Placoidschuppen schützen die Rochen vor mechanischen Einwirkungen.

Die Rochen verfügen über ein ausgesprochen gutes Sehvermögen. Selbst in der Nacht können sie bei einer kleinen Restlichtmenge ihre Umgebung wahrnehmen. Foto: Yvette Tavernier

Süßwasserstachelrochen benötigen große Aquarien. Foto: bede-Verlag

Die Zähne der Rochen stehen entwicklungsgeschichtlich im engen Zusammenhang mit den Placoidschuppen. Zudem gilt die Kieferbezahnung der Wirbeltiere als eine Weiterentwicklung der Placoidschuppen. Von außen kaum sichtbar, liegen die Rochenzähne gleich hinter der Mundöffnung. Südamerikanische Süßwasserstachelrochen sind mit flachen „Mahlzähnen" ausgestattet. Diese bilden sogenannte erneuerbare Zahnplatten, wobei von der unteren und oberen Zahnplatte jeweils gleichzeitig mehrere Zahnreihen in Gebrauch stehen. Gehen nun Zähne verloren, so schließen die nachfolgenden, heranwachsenden Zähne die entstandenen Lücken, indem sie sich gewissermaßen nach vorne ausrichten. Durch diesen permanenten Zahnersatz sind die Rochen in der Lage, auch hartschalige Futtertiere zu fressen, ohne durch die Abnutzung der Zähne etwaige Nachteile zu erlangen.

Die Augen der Rochen befinden sich leicht erhöht auf der Oberseite. Dadurch erhalten sie ein großes Sichtfeld. Die Augen sind sehr beweglich und können bei Bedarf regelrecht eingezogen werden. Dabei schieben sich die Augenlieder über die Augäpfel, was beim Eingraben das Eindringen von Schmutz verhindert, und so das Sehvermögen nicht beeinträchtigt. Die Rochen verfügen über ein gutes Sehvermögen und dies auch bei Dunkelheit. Kleine im Auge sitzende Spiegelplättchen, die aus Guaninkristallen bestehen, reflektieren bei Dunkelheit schon geringste Restlichtmengen und ermöglichen es somit, daß die Sehzellen um ein Mehrfaches gereizt werden. Diese Besonderheit, die auch bei Katzen zu finden ist, ist am Augenschimmer bei stark einfallendem Licht zu erkennen.

Hinter den Augen sind gut erkennbar, die Spritzlöcher angeordnet. Bei den Spritzlöchern handelt es sich um umgewandelte Kiemenspalten. Als Eingänge für das Atemwasser ermöglichen sie den Tieren auch im eingegrabenen Zustand ein ungestörtes Atmen. Kaum im Bodengrund eingegraben, bläst der Rochen seine Spritzlöcher frei. Nun kann Atemwasser durch die Öffnungen eingesaugt werden und auf diesem Wege in die Kiemenhöhlen gelan-

gen. Anschließend wird das Atemwasser wieder durch die an der Unterseite liegenden Kiemenspalten hinausbefördert. Diese je fünf Kiemenspalten sind in zwei Reihen angeordnet und können mit den Kiemendeckeln der Knochenfische verglichen werden.

> **Hinweis: Nebst dem guten Sehvermögen haben die Rochen auch einen ausgeprägten Geruchssinn.**

Die Nasenöffnungen sind mit der Mundöffnung verbunden und durch je eine Hautfalte in eine Ein- und Ausströmöffnung unterteilt. Allerdings können die Rochen nur beim Schwimmen optimal riechen. Darüber hinaus verfügen sie über einen Geschmackssinn sowie einen Tastsinn, um ihre Nahrung zu orten. Es kann auch davon ausgegangen werden, daß die südamerikanischen Süßwasserstachelrochen – wie alle Elasmobranchier – ein zusätzliches Wahrnehmungsvermögen haben.

> **Hinweis: Mit dem „elektrischen Sinn" können sie die durch Muskelkontraktion ausgesandten Stromimpulse von Beutetieren wahrnehmen. So können sie auch bei völliger Dunkelheit Futtertiere orten.**

Den südamerikanischen Süßwasserstachelrochen fehlt die Schwimmblase zur Regulierung des körpereigenen Auftriebs. Das bedeutet, daß die Rochen, wenn sie zu schwimmen aufhören, unweigerlich zu Boden sinken. Anstelle der Schwimmblase nehmen der verhältnismäßig lange Darm und die auffallend große Leber mit den anderen Organen den ohnehin relativ geringen Raum in der Bauchhöhle ein. Der Bau des Darms läßt darauf schließen, daß die Rochen viel pflanzliche Nahrung aufnehmen, deren Nährstoffgehalt vermutlich nicht sehr hoch ist.

Ihren Wasserhaushalt regulieren die Rochen auf ganz besondere Weise. Im Meer lebende Elasmobranchier speichern in ihrem Gewebe und im Blut große Mengen an Harnstoff. Dadurch erreichen sie ein isotonisches Gleichgewicht zum Meerwasser und verlieren kaum Wasser über die Haut an ihre Umgebung. Marine Elasmobranchier trinken deshalb nicht, sondern nehmen das benötigte Wasser über die Kiemen auf. Bei den Süßwasserrochen befindet sich dagegen kaum Harnstoff im Blut. Dieser würde nicht einmal ausreichen, um im verdünnten Salzwasser den Wasserhaushalt osmotisch zu regulieren. Der Grund dafür liegt in der Rektaldrüse, die bei den südamerikanischen Süßwasserstachelrochen funktionslos ist, das heißt sie arbeitet nicht mehr. Darum ist es den südamerikanischen Süßwasserstachelrochen auch nicht mehr möglich, ins Meer zurückzukehren; dort würden sie sehr schnell sterben.

Entwicklungsgeschichte der Süßwasserstachelrochen

Die Rochen stellen eine sehr alte Tiergruppe dar. Sie waren schon eine entwicklungsgeschichtlich erfolgreiche Fischgruppe, als noch die Dinosaurier die Weltherrschaft inne hatten. Vermutlich besaßen die Knorpel- und Knochenfische im frühen „Erdaltertum" gemeinsame Vorfahren. Über das Aussehen der Ur-knorpelfische ist aber nur sehr wenig bekannt. Das knorpelige Skelett verfügt über eine schlechte Haltbarkeit und zerfällt schnell. Lediglich die Schuppen und Zähne der Rochen blieben als Fossilien erhalten und geben einen bescheidenen Einblick in die Entwicklungsgeschichte der Rochen. Aus den Erdschichten des Silur, vor etwa 420 Millionen Jahren sind erste Funde von Knorpelfischen bekannt. Später, im Permzeitalter, vor rund 280 bis 225 Millionen Jahren, entwickelten sich aus den Althaien die modernen Formen der Haie. Vor

Die Rochen sind nahe Verwandte der Haie. Manche Haie besitzen sogar rochenähnliche Gestalt und umgekehrt. Foto: Hans Gonella

etwa 220 Millionen Jahren traten dann die ersten Urrochen auf. Funde der Vorfahren von heute lebenden Rochen stammen jedoch erst aus dem Jura vor 190 Millionen Jahren.

Etwa zur gleichen Zeit als sich die Rochen über die Weltmeere ausbreiteten, begann im „Erdaltertum" und „Erdmittelalter" die Gebirgsauffaltung in Südamerika. In den Jahrmillionen entstanden daraus die heutigen Anden. Als sich die Landmassen sehr langsam anhoben und gleichzeitig der Meeresspiegel sank, sahen sich viele vom Meer ins Süßwasser eindringende Tierarten sich langsam veränderten Lebensbedingungen gegenüber. Mit dem Auffalten der heutigen Gebirgszüge änderte sich auch die Fließrichtung der Gewässer. Jene Gewässer, die sich in den Pazifik ergossen, stauten sich auf und mußten sich neue Flußläufe suchen. Das heutige Gewässersystem des Amazonas änderte demzufolge seine Fließrichtung und ergoß sich in den Atlantik. Während dieses fortschreitenden Prozesses wurde den zumindest zeitweise in Brack- und Süßwasser vordringenden Fischarten der Rückzug in den Pazifik zusehends erschwert, bis es kein Zurück mehr gab. Manche dieser Arten haben sich aber an die neuen Lebensbedingungen angepaßt, und aus den einstigen Meeresbewohnern entwickelten sich Süßwasserformen. Einer davon war der Vorfahr der heute bekannten Süßwasserstachelrochen.

Nach heutigem Wissensstand stammten diese Süßwasserstachelrochen von marinen Rochen mit rundlicher Scheibengestalt ab. Im Laufe der Jahrmillionen haben sich die Rochen in Gestalt und in mancher Hinsicht auch im Körperbau soweit verändert, daß sie sich im Süßwasser dauerhaft weiterentwickeln konnten. Die Nachfahren dieser vormals im Meer lebenden Rochen finden sich auch heute noch im Ostpazifik und Westatlantik. Sehr wahrscheinlich handelt es sich bei den Vorfahren der südamerikanischen Süßwasserstachelrochen um *Urolophus*- und *Urotrygon*-Arten, die sich unterschiedlich weiterentwickelt haben.

Die Verbreitungsgebiete

Heute besiedeln die südamerikanischen Süßwasserstachelrochen beinahe alle größeren Gewässersysteme Südamerikas. Die Potamotrygoniden haben somit, wohl allen anderen Süßwasser-Elasmobranchiern voran, das größte Verbreitungsgebiet gefunden. Zu den Hauptverbreitungsgebieten zählen die Systeme des Orinokos, des Amazonas und des Rio Parana. Doch auch in der Guyana-, der Maranhao- sowie der Region des Mato Grosso finden sich Süßwasserstachelrochen.

Am häufigsten werden die Rochen an seichten Gewässerabschnitten bei Sandbänken beobachtet. Doch leben sie in großer Anzahl in beinahe jedem Fluß der eben genannten Gewässersysteme. Wobei sie sich in tieferen Wasserschichten ebenso wohl fühlen, wie in den seich-

ten Uferzonen. Selbst die Überschwemmungsgebiete des Regenwalds werden von ihnen durchstreift. Wahrscheinlich haben die Süßwasserstachelrochen ihre größte Populationsdichte im Stillwasser der Lagunen und in Nebengewässern der Flüsse. Diese Gewässerabschnitte weisen dünne Schlammschichten auf, die Nahrung im Überfluß bieten. Neben dem Salzwasser, in das die Rochen nicht eindringen können, bilden vor allem Stromschnellen natürliche Barrieren, welche die einzelnen Rochenpopulationen voneinander trennen. Inwieweit dies aber einen Einfluß auf das Vorkommen einzelner Arten hat, ist nach heutigen Erkenntnissen nicht geklärt. Aufgrund weniger Unterwasserbeobachtungen kann aber auch angenommen werden, daß die Rochen weite Gebiete durchstreifen und nicht nur an die seichten Uferzonen gebunden sind.

Die Rochenlegende

In ihrer Heimat werden die südamerikanischen Süßwasserstachelrochen mehr gefürchtet als die angeblich so berüchtigten Piranhas. Gerade die ausländischen Touristen werden von der einheimischen Bevölkerung eindringlich vor Begegnungen mit Rochen gewarnt. Dies weniger, weil die Rochen den Menschen angreifen, sondern weil ein „Spaziergang" im seichten Wasser zu einer unmittelbaren Begegnung mit einem im Sand versteckten Rochen führen kann. Aufgrund seiner guten Tarnung besteht für den Stachelrochen kein Anlaß, vor einem herannahenden Menschen zu flüchten. Ganz anders nehmen die Piranhas reißaus, da sie in der Regel größeren Objekten mit Vorsicht begegnen. Die Rochen bleiben dagegen regungslos liegen, bis sie mit dem Menschen in Berührung kommen. Tritt man nun auf oder neben einen Rochen, so ist das Desaster perfekt. Blitzschnell versucht der Stachelrochen den vermeintlichen Angreifer mit einem starken Schwanzschlag abzuwehren. Dabei kann ein Rochen den Schwanz skorpionähnlich nach vorne katapultieren und durch den Stachel einen unachtsamen Menschen gefährlich verletzen. Gleichzeitig flieht der Rochen und ist nicht mehr zu sehen. Um solche Unfälle zu ver-

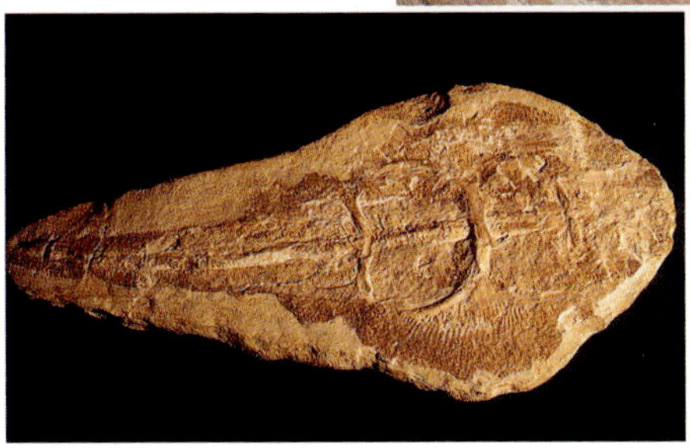

Die südamerikanischen Süßwasserstachelrochen werden in ihren Heimatländern mehr gefürchtet, als Piranhas oder Kaimane. Foto: Daniel Lüthy

unten: *Diese Versteinerung zeigt einen Geigenrochen,* Rhinobatos beurleni *aus der Unterkreide (Concretion), von Brasilien. Fossile Überreste von Knorpelfischen sind eher selten zu finden, da sich ihr Skelett relativ schnell zersetzt. Foto: Hans Gonella*

meiden, hat die täglich im und am Wasser arbeitende, südamerikanische Bevölkerung eine einfache Methode entwickelt, um sich gefahrlos im Wasser aufzuhalten. Mit einem schlurfenden Gang durchqueren die Leute das seichte Wasser, indem sie langsam einen Fuß vor den anderen setzen und dabei den Schlamm oder Sand am Bodengrund vor sich herschieben. So vermeiden sie einen Fehltritt auf einen Rochen. Stattdessen wird dadurch ein zufällig im Boden verborgener Rochen sachte beiseite geschoben, wenn er nicht schon vorher schnell das Weite sucht. Damit verringert sich das Risiko mit dem zur Abwehr bestimmten Rochenstachel in Kontakt zu kommen.

> Achtung: **Ein Rochenstich kann üble Folgen haben. Der mit kleinen Widerhaken besetzte Stachel bricht beim Eindringen auch oft ab und bleibt in der Wunde stecken.**

Eine Gefahr besteht besonders, wenn der Stachel auf einen Knochen prallt. Der Schwanzschlag der Rochen hat eine so große Wucht, daß der Stachel mühelos das zähe Material von Gummistiefeln durchbohrt.

Leider werden mancherorts die südamerikanischen Süßwasserstachelrochen ihrer Unbeliebtheit wegen erbarmungslos gejagt. Mit Speeren aufgespießt, werden sie vorsichtig ins Boot geholt und ihnen sogleich das Schwanzstück mit dem Stachel abgehackt. Oft werden die noch lebenden Tiere wieder zurück in den Fluß geworfen. Hin und wieder überlebt ein Rochen diese unsägliche Prozedur, so daß auch Rochen mit fehlenden Schwänzen in den Flüssen zu beobachten sind. Die erbeuteten Stachel werden nicht etwa fortgeworfen, sondern verkauft. Die Rochenstachel stellen nämlich in Amazonien einen begehrten Artikel dar. Die Stacheln werden auf den Märkten als Souvenir für die Touristen angeboten. Noch häufiger benötigen sie aber Einheimische, um damit magische Rituale durchzuführen.

In Europa wird die Gefährlichkeit der Rochenstachel oft nur am Rande wahrgenommen. Der Betrachter ist lediglich vom Äußeren der Stachelrochen fasziniert. In Südamerika scheint dies anders zu sein. Ungesicherten Berichten zufolge sollen auch die indianischen Fischer den Rochen die Schwänze abhacken, um nicht versehentlich mit dem giftigen Stachel in Berührung zu kommen. Das Rochenfleisch hat heute für die Ernährung der Bevölkerung aber keine Bedeutung mehr. Auf den Fischmärkten finden sich kaum Rochen im Angebot. Früher war dies anders. Als die ersten Entdecker und Missionare die südamerikanischen Gewässer befuhren, stellten die Rochen einen festen Nahrungsbestandteil vieler Indianerstämme dar. Jene Flüsse, in denen die Rochen in großer Zahl vorkamen, wurden in der Indianersprache, sinngemäß übersetzt, als Stachelrochenflüsse bezeichnet. Neben dem Rochenfleisch schätzten die Indianer besonders den harten Stachel. Dieser wurde als Pfeilspitze verwendet. Ebenso diente er als Tätowierungsinstrument oder wurde zum Durchstechen von Armen, Ohren und Zungen benutzt. Dadurch ließen sich rituelle Gegenstände oder Schmuck an den durchstochenen Körperteilen befestigen.

Heute geht man auch davon aus, daß die Indianer den schlurfenden Gang erfanden, um in seichten Gewässern auf Fischfang zu gehen. Da auch Indianer gelegentlich einen Rochenstich davontrugen, entwickelten sie allerlei Naturheilmittel, um die Wunden zu behandeln. Zur Behandlung dienten verschiedene pflanzliche Wirkstoffe. Leider leben heute nur noch vereinzelte Indianerstämme in abgelegenen Gebieten nach althergebrachter Weise und somit ging bedauerlicherweise ein ungeheuer, wertvoller Wissensschatz für immer verloren.

Die südamerikanischen Süßwasserstachelrochen

Im Handel werden vermehrt neue, unbekannte südamerikanische Süßwasserstachelrochen angeboten. In den überwiegenden Fällen ist es kaum möglich, diese Rochen anhand des äußeren Erscheinungsbilds einer bestimmten Art zuzuordnen. Einerseits verfügen einzelne Arten über eine große Variabilität. Das heißt, die Farbgebung und die Farbintensität sowie die Ausbildung der jeweiligen Körperzeichnungen können innerhalb bestimmter Arten sehr unterschiedlich ausfallen. Andererseits können sich Farben oder Körperzeichnungen mit zunehmendem Alter der Tiere verändern. Selbst ihr jeweiliger Gesundheitszustand kann die Farbgebung beeinflussen. Bei manchen Arten, wie zum Beispiel bei *P. orbignyi*, führen auch unterschiedliche Pflegebedingungen zu Farbveränderungen. Bei heller Aquariumbeleuchtung und hellem Sand im Aquarium erhalten die Rochen eine hellbeige Körperfarbe. Dagegen erhalten sie in einem schwach beleuchteten Aquarium eine dunkelbraune Farbgebung. Der Grund für diese veränderbare und oft zugleich unscheinbare Körperfärbung bei südamerikanischen Süßwasserstachelrochen ist verständlich. Das äußere Erscheinungsbild dient den meisten Arten zur Tarnung. Je besser sich die Rochen ihrer Umgebung anpassen können, desto besser sind sie geschützt. Auffällige Farben oder Muster würden sich da nur störend auswirken. Weiter erweisen sich die oft fehlenden Angaben über die exakten Herkunftsorte der Rochen bei einer Artbestimmung nicht gerade als hilfreich. Mitunter sehen sich einzelne Arten auch sehr ähnlich, so daß sich, wenn überhaupt, nur Vermutungen zur Artzugehörigkeit anstellen lassen.

Bis heute hat sich die Wissenschaft nur am Rande mit den südamerikanischen Süßwasserstachelrochen auseinandergesetzt. Die nachfolgend kurz beschriebenen Arten bilden daher nur einen Teil des tatsächlichen Artenreichtums dieser Fischgruppe. Womöglich warten noch viele, heute unbekannte Rochenarten auf ihre Entdeckung. Gelegentlich kommen aber solche Arten ebenfalls in den Handel und führen zusätzlich zu Unsicherheiten beim Bestimmen der Arten.

Inwieweit sich die einzelnen bekannten Arten für die Pflege in Heimaquarien eignen, ist noch nicht vollends geklärt. Sicher bestimmt die zu erwartende Körpergröße über Erfolg oder Mißerfolg einer dauerhaften Pflege. Die Erfahrung zeigte bisher, daß die regelmäßig im Handel angebotenen Arten wie *Potamotrygon motoro*, *P. orbignyi* und *P. leopoldi* in beschränktem Maße für die Aquarienpflege infrage kommen. Vorausgesetzt, ihnen werden ausreichend große Aquarien zur Verfügung gestellt. Man

Die Artbestimmung vieler Rochen ist sehr schwierig, wenn nicht sogar unmöglich. Unter anderem ist dies auch auf die Variabilität einzelner Arten zurückzuführen. Hierbei handelt es sich höchstwahrscheinlich um eine unbeschriebene Art. Foto: Hans Gonella

kann auch davon ausgehen, daß manche Arten eine Körpergröße von 1 m und mehr erreichen können. Dabei erscheint uns schon ein ausgewachsener Pfauenaugenstachelrochen, *P. motoro*, mit seinen 80 cm Scheibendurchmesser als wahrer Gigant unter den Aquarienfischen. Dagegen scheinen die schwarzen Rochen mit den weißen Punkten, der Art *P. leopoldi*, meist nicht größer als rund 40 cm im Durchmesser zu werden.

Zum Thema Systematik

Alle in der Natur vorkommenden Arten werden in ein hierarchisch gegliedertes System eingeordnet. Die Klasse der Knorpelfische zählt zur Überklasse der Kiefermäuler (Gnathostomata). In der Klasse der Knorpelfische werden die Ordnungen der Haie, die Ordnung der Rochen und die Seedrachen zusammengefaßt. Innerhalb der Ordnung der Rochen bestehen verschiedene Unterordnungen. Dazu gehören die Unterordnungen der Sägerochen, Elektrischen Rochen, Geigenrochen und die echten Rochen sowie nicht zu vergessen die Unterordnung der Stachelrochenartigen. In letztere werden auch die Süßwasserstachelrochen eingeordnet. Zu den ausschließlich im Süßwasser lebenden Rochenarten zählen die Familie Dasyatidae und die Familie Potamotrygonidae. Dies erfuhr zwar eine Änderung – doch dazu später mehr.
Die Familie Potamotrygonidae umfaßt die drei in Südamerika lebenden Rochengattungen. Die Gattung *Paratrygon* und die Gattung *Plesiotrygon* weisen jeweils nur eine darin eingeteilte Art auf. In die dritte Gattung *Potamotrygon* gehören die rund 18 Arten, die heute bekannt sind. Mit großer Wahrscheinlichkeit werden aber in Zukunft noch weitere Arten entdeckt, die ebenfalls in diese Gattung gehören.
Bedauerlicherweise werden die Süßwasserstachelrochen nicht regelmäßig von ausgewiesenen Fachleuten klassifiziert, so daß über die tatsächliche Artenvielfalt manche Unstimmigkeiten bestehen. Dabei werden laufend „unbekannte" Arten eingeführt, ohne daß ihnen eine Artzugehörigkeit zugesprochen werden kann. Daher hat man in Japan damit begonnen, die noch „unbekannten", südamerikanischen Süßwasserstachelrochen durchzunumerieren. Dieser „Handels-Nummerncode" wurden in Europa übernommen. So bezeichnet man die Rochenarten aus der Gattung *Potamotrygon* mit P 1, P 2 und so weiter, ohne daß man dabei sicher ist, ob es sich bei einzelnen Tieren mit unterschiedlichen Nummern, nicht doch um gleichartige Exemplare handelt.
In Japan wurde auch die Klassifikation der Unterordnung Myliobatidoidei, nach einer Arbeit von NISHIDA von 1990, revidiert. Damit wurde auch die bis dahin geltende Einteilung der südamerikanischen Süßwasserstachelrochen geändert. Bei dieser Revision wurde die Familie Potamotrygonidae aufgehoben und in die Familie *Dasyatididae* überführt – allerdings mit Vorbehalten betreffend den Gattungen *Paratrygon* und *Plesiotrygon*. Da es sich bei diesem Vorgehen um eine gültige wissenschaftliche Arbeit handelt, umfaßt die Familie Dasyatididae heute die Gattungen *Potamotrygon, Taeniura, Dasyatis* und *Himantura*. Die zu Beginn dieses Abschnitts erwähnte Familienaufteilung hat demzufolge keine Gültigkeit mehr. Es wäre aber möglich, daß die Revision bald wieder einmal überarbeitet wird, da – wie schon erwähnt – noch Vorbehalte bestehen.
Die Einteilung der Süßwasserrochen hat für den Pfleger keine größere Bedeutung. Trotzdem wurden beide Einteilungen der Vollständigkeit wegen erwähnt, aber auch um möglichen Verwechslungen vorzubeugen.

Die Rochenarten

Die nachfolgend aufgeführte Artenklassifizierung beruht auf der Dissertation und Artenzusammenstellung von Dr. Ricardo de SOUZA ROSA von 1985. Diese Arbeit wurde leider bis heute noch nicht veröffentlicht und ist somit nomenklatorisch irrelevant! Dennoch ist diese Artenzusammenstellung sehr wertvoll, weil keine vergleichbaren Arbeiten bestehen. Dem Aquarianer dienen zudem die Hinweise zu den Arten dazu, die südamerikanischen Süßwasserstachelrochen in anderen Publikationen wiederzuerkennen. Somit kann jeder Pfleger vergleichen, was jeweils über die wissenschaftlich beschriebenen Rochenarten publiziert wurde und die Ergebnisse gegenüberstellend betrachten. Die einzelnen Rochenarten verfügen über eine große Variabilität bezüglich Farbgebung und Körperzeichnung. Daher stellen auch die nachfolgenden Beschreibungen der Rochen einen eher bescheidenen Versuch dar, die Arten zu charakterisieren. Die Farben oder Körperzeichnungen können sich zudem im Laufe des Wachstums stark ändern. Diese Vielfalt des äußeren Erscheinungsbilds der Rochen dient meist der Tarnung, so daß auch die Farbintensitäten und Körperzeichnungen, je nach Lebenssituation, unterschiedlich ausgeprägt sind. Dementsprechend können bei manchen Arten ein und dieselben Exemplare zwischen einer hellen, sandfarbigen Färbung, ohne sichtbare Musterung, bis zu einer dunkelbraunen Farbgebung, mit erkennbarer Körperzeichnung, variieren. Auch ist die Frage, inwieweit verschiedene Rochenarten hybridisieren, nicht geklärt. 1965 stellten CASTEX & MARTINEZ ACHENBACH aufgrund ihren Beobachtungen an über 2 000 Rochen die Frage, ob *P. labradori* eine Kreuzung zwischen *P. motoro* und *P. falkneri* darstellen könne? Viele Arten können allein aufgrund ihres äußeren Erscheinungsbilds nicht mit Sicherheit bestimmt werden. Vor allem, wenn gesicherte Angaben über den Herkunftsort fehlen, lassen sich lediglich Vermutungen zur Artzugehörigkeit anstellen. Weiter ist eine Fülle unbekannter Arten gefangen worden, einige lassen sich wahrscheinlich einem der bekannten Formenkreise zuordnen. Bei anderen solcher Arten ist dies nicht möglich. Im Anschluß der Artenzusammenstellung seien deshalb die erfaßten, „namenlosen" Rochenarten mit den Nummern P1 bis P61 kurz vorgestellt. Die Auflistung stammt aus dem „Freshwater Stingray Identification Guide" von Richard ROSS.

Nach dem heutigen Wissensstand hat eine sichere Artbestimmung für die Pflege im Aquarium wahrscheinlich eine untergeordnete Bedeutung. Trotzdem ist es für die Aquarianer sehr schade, daß eine Bestimmung vielfach nicht möglich ist.
Foto: Hans Gonella

Gattung *Plesiotrygon:*

Plesiotrygon iwamae ROSA, CASTELLO & THORSON, 1985
Synonyme: (Diese Art wird oft mit *Paratrygon aiereba* verwechselt.)
Vorkommen: Amazonas in der Region von Manaus, Brasilien und Rio Napo, Equador.
Körperfarbe: Die Grundfärbung variiert zwischen einem fahlen Gelblichbraun bis Gräulichbraun. Die Zeichnung besteht aus einigen, kleinen und schmalen schwarzen Punkten sowie vielen kleinen weißen Punkten, die rosettenartige Muster bilden. Nach außen hin nimmt die Körperzeichnung ab. Bei Jungtieren ist die Farbgebung heller und die Punkte scheinen größer.
Besonderes: Die Art lebt eher in tieferen Wasserschichten der Flüsse. Auch ohne den beachtlichen, peitschenförmigen Schwanz beträgt die Körpergröße weit über 50 cm. Die Rochen sind deshalb für die Pflege in Heimaquarien ungeeignet.

Gattung *Potamotrygon:*

Potamotrygon brachyura (GÜNTHER, 1880)
Synonyme: *Trygon brachyurus, Potamotrygon brachyurus, P. brachyura, P. brumi, P. bruni, Ellipesurus brachyurus, Paratrygon brachyurus.*
Vorkommen: Im Nordosten von Argentinien, westliches Brasilien (Mato Grosso), zentrales Paraguay und westliches Uruguay.
Körperfarbe: Die Grundfärbung ist braun. Die Körperzeichnung auf der Körpermitte und dem Schwanz besteht aus breiten sowie kreisförmigen, netzartigen Mustern. Diese fehlen auf den Flossensäumen.
Besonderes: Bezüglich der Pflege im Aquarium ist nichts gesichertes bekannt.

Potamotrygon castexi CASTELLO & YAGOLKOWSKI, 1969
Synonyme: –
Vorkommen: Nordost-Argentinien, Zentral-Paraguay, im Osten Boliviens und Peru sowie im Westen von Brasilien.
Körperfarbe: Rochen von hellbrauner bis dunkelbrauner Farbe. Die gesprenkelte Körperzeichnung ist durch viele kleine, kreis- bis nierenförmige gelbe Punkte gekennzeichnet. Bei Jungtieren sind die Punkte in gewundenen Linien angeordnet. Bei erwachsenen Exemplaren ergeben die Punkte rosettenartige Muster. Manche Exemplare weisen am Rande der Flossensäume gelbe sowie schwarze Augenflecken auf. Gelegentlich sind auch einzelne schwarze Punkte zu erkennen.
Besonderes: Bezüglich der Pflege im Aquarium ist nichts gesichertes bekannt.

Potamotrygon constellata (VAILLANT, 1880)
Synonyme: *Taeniura constellata, P. circularis, Paratrygon circularis.*
Vorkommen: Amazonas, Brasilien.
Körperfarbe: Braune bis fahlgrau-bräunliche Grundfarbe, die auf den Flossensäumen unregelmäßig verteilte, weiße Punkte aufweist. Einige Exemplare besitzen dunkle, netzartige Muster, die insbesondere bei hellgefärbten Tieren hervortreten.
Besonderes: Bezüglich der Pflege im Aquarium ist nichts gesichertes bekannt.

Potamotrygon dumerilii (CASTELNAU, 1855)
Synonyme: *Trygon dumerilii, Taenura dumerilii, Paratrygon dumerilii, Ellipesurus dumerilii, P. dumerilii* (GERMAN, 1877).
Vorkommen: Rio Paraná und Rio Paraguay sowie dem Rio Araguaia in Brasilien.
Körperfarbe: Diese Art besitzt eine hellbraune Grundfärbung, mit dunklen mehr oder weniger unterbrochenen Linien, die ein netzar-

tiges Muster erzeugen. Manche Exemplare haben zudem dunkle Punkte. Innerhalb der Netzmuster können dreieckförmige, gelblichbraune Flecken die Körperzeichnung vervollständigen. Der Schwanz verfügt über eine unregelmäßig angeordnete Dornenreihe.
Besonderes: Diese Rochen werden gerne mit ähnlich aussehenden Arten verwechselt.

Potamotrygon motoro. *Foto: Yvette Tavernier*

Potamotrygon falkneri CASTEX & MACIEL, 1963
Synonyme: *P. vistrix, P. hystrix, P. menchacai.*
Vorkommen: Nordöstliches Argentinien, Zentral-Paraguay und im Westen von Brasilien.
Körperfarbe: Durch die dunkelbraune Grundfärbung mit vielen unregelmäßigen, ovalen oder nierenförmigen, gelben oder weißen Punkten, beziehungsweise Flecken, entsteht die typische Körperfärbung. Die Rochen verfügen über einen relativ kurzen Schwanz. Jungtiere besitzen eine glatte Haut, die Schwanzdornen fehlen.
Besonderes: Diese Rochen sind auch in schneller fließenden Gewässerabschnitten zu beobachten.

Potamotrygon henlei (CASTELNAU, 1855)
Synonyme: *Trygon henlei, Taenura henlei, Taeniura henlei.*
Vorkommen: Nord Brasilien im Rio Tocantins und Rio Araguaia.
Körperfarbe: Diese Tiere besitzen gelbe oder orange „Augenflecken" auf dunklem, olivbraunem bis dunkelbraunem, ja beinahe schwarzem Hintergrund. Hin und wieder treten in den hellen Punkten auch schwarze Flecken auf. Ebenso können die hellen Flecken „unscharfe" Umriße aufweisen. Erwachsene Exemplare besitzen sehr unregelmäßig geformte Punkte.
Besonderes: Vermutlich leben diese Rochen nur in den beiden erwähnten Flüssen. Die Art sieht *P. leopoldi* sehr ähnlich.

Potamotrygon histrix (MÜLLER & HENLE, 1834)
Synonyme: *P. hystrix, Trygon histrix, Trigon histrix, Taeniura hystrix, Paratrygon hystrix, Ellipesurus hystrix, E. histrix.*
Vorkommen: Rio Paraná, Argentinien.
Körperfarbe: Die dunkelbraune Körperfarbe kann leicht violette Farbanteile aufweisen. Unterschiedliche schlangenlinienartige dunkle Muster erzeugen bei den einzelnen Exemplaren ein verschiedenartiges Aussehen. Entlang der Flossensäume befinden sich viele kleine, helle Punkte. Auf dem Schwanz befinden sich zwei oder drei Reihen spitze Dornen.
Besonderes: Diesen Rochen sagt man nach, daß sie außerhalb der Paarungszeit eine einzelgängerische Lebensweise bevorzugen.

Potamptrygon humerosa GARMAN, 1913
Synonyme: –
Vorkommen: Nord-Brasilien, Rio Tapajós bis Rio Pará.
Körperfarbe: Dieser Art ist ein dunkles Netzmuster auf einem hellbraunen bis braunen Hintergrund zu eigen.
Besonderes: Auffällig ist der verhältnismäßig lange Stachel.

Potamotrygon histrix
Foto: Yvette Tavernier

Potamotrygon leopoldi CASTEX & CASTELLO, 1970
Synonyme: –
Vorkommen: Brasilien, Rio Xingu sowie Mato Grosso.
Körperfarbe: Die Grundfarbe ist schwarz. Unregelmäßig verteilte weiße oder gelbe Punkte ergeben das typische Aussehen. Gelegentlich können die Punkte ein schwarzes Zentrum aufweisen. Manchmal treten auch unterbrochene weiße Kreise auf. Auf dem Schwanz sind drei Dornenreihen angeordnet. Diese Art hat meist eine etwas schmalere Kopfpartie als *P. henlei.*
Besonderes: *P. leopoldi* und *P. henlei* werden häufig miteinander verwechselt.

Potamotrygon magdalenae (VALENCIENNES, 1865)
Synonyme: *P. magdalenae* (nicht VALENCIENNES), *Taeniura magdalenae, Taenura magdalenae, Paratrygon magdalenae.*
Vorkommen: Rio Magdalena und Rio Atrato, Nord Kolumbien.
Körperfarbe: Die Grundfarbe ist hellbraun bis braun. Erwachsene Tiere besitzen eine sehr dunkle braune Farbgebung. Nach außen hin treten unregelmäßig verteilte gelbliche Punkte auf. Gelegentlich sind die Punkte in schlangenartigen Linien angeordnet. Am Körperrand fehlen sie jedoch wieder. Bei älteren Tieren verlieren die Punkte an Farbintensität.
Besonderes: Bezüglich der Pflege im Aquarium ist nichts gesichertes bekannt.

Potamotrygon motoro (NATTERER, 1841)
Synonyme: *Raja motoro, P. motoro* (nicht NATTERER), *Potamotrygon laticeps, Taeniura motoro, Trygon mulleri, Ellipesurus motoro, Potamotrygon circularis, Paratrygon motoro.*
Vorkommen: Amazonas und Orinoco.
Körperfarbe: Die Grundfärbung ist olivbraun

bis dunkel graubraun. Entlang des Körperrands liegen unregelmäßig angeordnete, gelbe oder orange Augenflecken sowie viele kreisförmige Punkte. Auf der Körpermitte und auf dem Schwanz fehlen bei manchen Exemplaren die Augenflecken.
Besonderes: Die Pfauenaugenstachelrochen zählen wohl zu den bekanntesten, südamerikanischen Süßwasserstachelrochen. Sie können einen Körperdurchmesser von 80 cm erreichen.

Potamotrygon ocellata (ENGELHARDT, 1912)
Synonyme: *Trygon hystrix ocellata.*

Potamotrygon motoro aus dem Exotarium im Zoologischen Garten Frankfurt. Der Scheibendurchmesser dieses Exemplars beträgt rund 80 cm. Foto: Hans Gonella

Vorkommen: Amazonas in Mexiana und Mecapá.
Körperfarbe: Die Grundfarbe ist olivbraun bis braun. Die Tiere haben tieforange bis rostigrote, unregelmäßig verteilte Augenflekken. In der Regel weisen die Augenflecken eine dunkle Umrandung auf und nehmen nach außen hin ab. Im Gegensatz zu *P. motoro* besitzen die Augenflecken bei *P. ocellata* eine unregelmäßigere Formgebung. Auf dem Schwanz ist eine Reihe von Dornen angeordnet.
Besonderes: Die Art wird vermutlich oft mit *P. motoro* verwechselt.

Potamotrygon orbignyi (CASTELNAU, 1855)
Synonyme: *P. reticulatus, P. d'orbignyi, Trygon d'orbignyi, T. reticulatus, Toenura orbignyi, Taeniura orbignyi, Paratrygon reticulatus, Ellipesurus reticulatus, E. orbignyi.*
Vorkommen: Amazonas und Orinoco sowie in Kolumbien und Surinam.
Körperfarbe: Die normale Grundfarbe ist hellbraun bis dunkelbraun. Ein Netzwerk von rundlich geformten Linien ergibt ein feines Muster. Diese können sehr unterschiedlich stark ausgeprägt sein. Manche Exemplare besitzen am Körperrand kleine, gelbe Punkte. Die Haut ist relativ glatt. Auf dem Schwanz fehlen die Dornen.
Besonderes: Die Art wird häufig unter dem Namen *P. reticulatus* eingeführt.

Potamotrygon leopoldi *(P 13). Foto: Hans Gonella*

Potamotrygon schroederi FERNÁNDEZ-YÉPEZ, 1957
Synonyme: –
Vorkommen: Orinoco, Venezuela und Rio Negro bis nach Manaus, Brasilien.
Körperfarbe: Diese Art hat eine hellbraune bis dunkelgrau-bläulichbraune Grundfarbe. Bei manchen Exemplaren sind weiße, gelbe oder schwarze Punkte zu finden, die in rosettenartigen Mustern angeordnet sein können. Die Punkte nehmen zum Körperrand hin ab.
Besonderes: Wahrscheinlich wird die Art gelegentlich eingeführt. Trotzdem ist über die Pflege im Aquarium nichts gesichertes bekannt.

Potamotrygon schuemacheri CASTEX, 1964
Synonyme: Aufgrund unterschiedlicher Schreibweisen des Artnamens, wie schühmacheri und anderes, stellte TANIUCHI 1982 die Bezeichnung richtig.
Vorkommen: Rio Colastiné Sur, Argentinien.
Körperfarbe: Diese Rochen verfügen über eine gelblichbraune Grundfarbe mit dunklen zum Rand hin abnehmenden, netzartigen Mustern. Im Zentrum können dunkle, fleckenartige Stellen die Farbgebung charakterisieren.
Besonderes: Zur Pflege im Aquarium ist nichts gesichertes bekannt.

Potamotrygon scobina GARMAN, 1913
Synonyme: –
Vorkommen: Amazonas von Manaus bis Belém und Rio Tocantins nahe Cametá sowie Paráregion.
Körperfarbe: Die Grundfarbe besteht aus einer hellbraunen bis rostbraunen Farbgebung. Besonders am Rande konzentrieren sich viele kleine, weiße oder hellgelbe Punkte mit ovaler oder nierenförmiger Formgebung. Bei manchen Exemplaren bilden die Punkte Rosetten oder gewundene Linienmuster.
Besonderes: Diese Rochen könnten im Jugendalter mit *P. motoro* verwechselt werden. Vermutlich wurden sie bereits wiederholt unter dem Namen *P. motoro* nach Europa eingeführt.

Potamotrygon signata GARMAN, 1913
Synonyme: *P. signatus, Paratrygon signatus.*
Vorkommen: Womöglich kommt die Art nur im Gewässersystem des Rio Paranaíba, Brasilien vor.
Körperfarbe: Diese Rochen haben eine braune, leicht rötlich schimmernde Grundfarbe. Am Rande des Körpers können vor allem bei den Jungrochen gelbe Punkte auftreten. Ansonsten sind die Tiere leicht gesprenkelt. Bei manchen Rochen formen die Punkte netzartige oder schlangenlinienförmige Muster. Erwachsene Tiere besitzen in Zweier- oder Dreierreihen angeordnete Schwanzdornen.
Besonderes: Die Art könnte im Jugendalter mit *P. motoro* verwechselt werden.

Potamotrygon yepezi CASTEX & CASTELLO, 1970
Synonyme: *P. hystrix, P. magdalenae, Trygon hystrix.*
Vorkommen: Diese Rochen sind wahrscheinlich nur in den Gewässersystemen um Maracaibo in Venezuela heimisch.
Körperfarbe: Die Grundfarbe variiert von hellbraun bis dunkel-fahlgrau-braun. Die Körperzeichnung besteht normalerweise aus unregelmäßig verstreuten schwarzen, gelegentlich auch gelben Punkten, die bei heller gefärbten Exemplaren deutlicher hervortreten.
Besonderes: Zur Pflege im Aquarium ist nichts gesichertes bekannt.

Gattung *Paratrygon*:

Paratrygon aiereba (MÜLLER & HENLE, 1841)
Synonyme: *P. strongylopterus, P. aiereba* (nicht MÜLLER & HENLE), *Potamotrygon stron-*

gylopterus, Trygon strogylopterus, T. (Himantura) strogylopterus, T. (Paratryngon) aiereba, T. strongyloptera, Disceus strongylopterus, Ellipesurus bzw. *Elipesurus strongylopterus.*

Vorkommen: Amazonas- und Pararegion, Nord-Bolivien, Ost-Peru, Orinoco in Venezuela.

Körperfarbe: Die Grundfarbe variiert zwischen hellbraun bis gräulichbraun. Die Körperzeichnung besteht aus einem dunklen Netzmuster. Manche Exemplare haben helle Flecken.

Besonderes: Die Art ist leicht zu erkennen; sie besitzt einen relativ breiten, nicht regelmäßig gerundeten Körperbau. Die Form der Körperscheibe verläuft vorne leicht einwärts. Zur Pflege im Aquarium ist nichts bekannt.

bis zur Klärung der Artzugehörigkeiten der heute bekannten Exemplare, die „P-Numerierung" als Hilfsmittel.

Zum Beispiel aus dem Formenkreis der *P. motoro*-Pfauenaugstachelrochen finden unterschiedlich gefärbte Exemplare Aufnahme. Neben anderen Merkmalen sind ihnen allen die typischen „Augenmuster" zu eigen. Einige der nachfolgend beschriebenen Arten könnten aufgrund ihres äußeren Erscheinungsbilds sehr wohl bestimmten Rochenarten zugeschrieben werden, allerdings bestünden ohne besondere Untersuchungen immer noch Zweifel, so daß mit einigen Ausnahmen dennoch die „P-Numerierung" zur Wiedererkennung verwendet wird.

Rochenpärchen im Aquarium. Foto: bede-Verlag

Die „P-Rochen"

Wie schon erwähnt hat die vorangegangene Artenzusammenstellung in dieser Form keine wissenschaftliche Gültigkeit. Deswegen, und weil die laufend entdeckten unbekannten Rochenarten erfaßt werden müssen, dient

P1, „Motoro"

Potamotrygon motoro aus Peru, Brasilien und Kolumbien.

Dieser Typ umfaßt Rochen, die im Gegensatz zu den bekannten „Motoroformen" etwas kleinere Augenflecken aufweisen. Zudem haben

die Zentren der Augenflecken einen schwachen orangen Farbton. Die Grundfarbe ist ein erdiges „Mittelbraun". Der Schwanz ist fein gemustert. Auffallend ist die Anordnung der Augenflecken, die kreisförmig angeordnet sind und nach außen hin einen kleineren Durchmesser haben.
Ebenfalls zur Motoro-Variante P1 zählt ein Typ, dessen Augenflecken einzeln, wie auch nebeneinander angeordnet sind. Bei vielen Augenflecken fehlt das hell gefärbte Zentrum oder dieses ist nur schwach zu erkennen. Der Schwanz ist hell gefleckt.

P2, Motoro-Variante
Potamotrygon motoro aus Peru.
Bei diesem Typ sind die Augenflecken regelmäßig auf dem Körper verteilt. Nach außen hin werden sie kleiner. Die Form der Augenflecken ist nicht immer kreisrund sondern kann auch eine ovale oder andere rundliche Formgebungen aufweisen. Der Typ weist mehr Augenflecken auf, die dafür kleiner sind. Zwischen den Augenflecken liegen kleinere helle Punkte. Die Grundfarbe ist dunkelbraun und der Schwanz ist gepunktet.

P3, Motoro-Variante
Potamotrygon motoro aus Bolivien.
Dieser Typ ähnelt auf den ersten Blick stark P1. Die Augenflecken sind etwas kleiner, von rundlicher aber nicht kreisrunder Form. Sie können nebeneinander stehen, besitzen aber stets jeder für sich ein hell gefärbtes Zentrum. Bei der Kopfpartie sind die Augenflecken schwach ausgebildet. Die Grundfarbe der Rochen ist hellbraun, beziehungsweise beige.

P4, Motoro-Variante des „Kolumbianischen Rochens".
Potamotrygon motoro aus Kolumbien.
Der Typ P4 unterscheidet sich in der Körpermusterung erheblich von anderen Motoro-Typen. Die schwarzen Augenflecken weisen ein helles Zentrum auf, das vor allem bei den größeren Flecken zu einem Kreis geformt ist, dessen Mitte wiederum schwarz ist. Diese Kreise in den Augenflecken können durchgehend gezeichnet oder aber unterbrochen sein. Einige setzen sich auch aus einzelnen Punkten zusammen. Zwischen den Augenflecken liegen unregelmäßig angeordnete helle Punkte, die meist schwarz umrandet sind. Die Grundfarbe der Rochen ist dunkelbraun.

P5, Motoro-Variante
Potamotrygon motoro aus Peru.
Eine beinahe schwarze Grundfarbe kennzeichnet diesen Typ. Die schwarzen, breiten Umrandungen der Augenflecken heben sich kaum von der Grundfarbe ab. Das Zentrum der kreisrunden Augenflecken ist hellbraun bis gelblich. Die Augenflecken sind kreisförmig auf dem Körper der Rochen angeordnet und werden nach außen hin kleiner. Zwischen den Augenflecken finden sich helle Punkte. Bei den größeren Augenflecken bilden die hellen Punkte einen Ring um dieselben.

P6, vermutlich eine unbeschriebene Art.
Süßwasserstachelrochen aus dem Rio Negro, Brasilien.
Die Grundfarbe dieses Rochentyps ist dunkelbraun. Am Rande des Rochenkörpers befinden sich hell umrandete Augenflecken mit einem etwas dunkleren Zentrum. Sie sind rundlich aber unregelmäßig geformt. Nach außen hin werden die regelmäßig angeordneten Augenflecken kleiner. Die Mitte des Rochenkörpers zieren sehr große, unregelmäßig geformte, längliche, bräunliche Flecken, sie sind ebenfalls hellbraun umrandet.

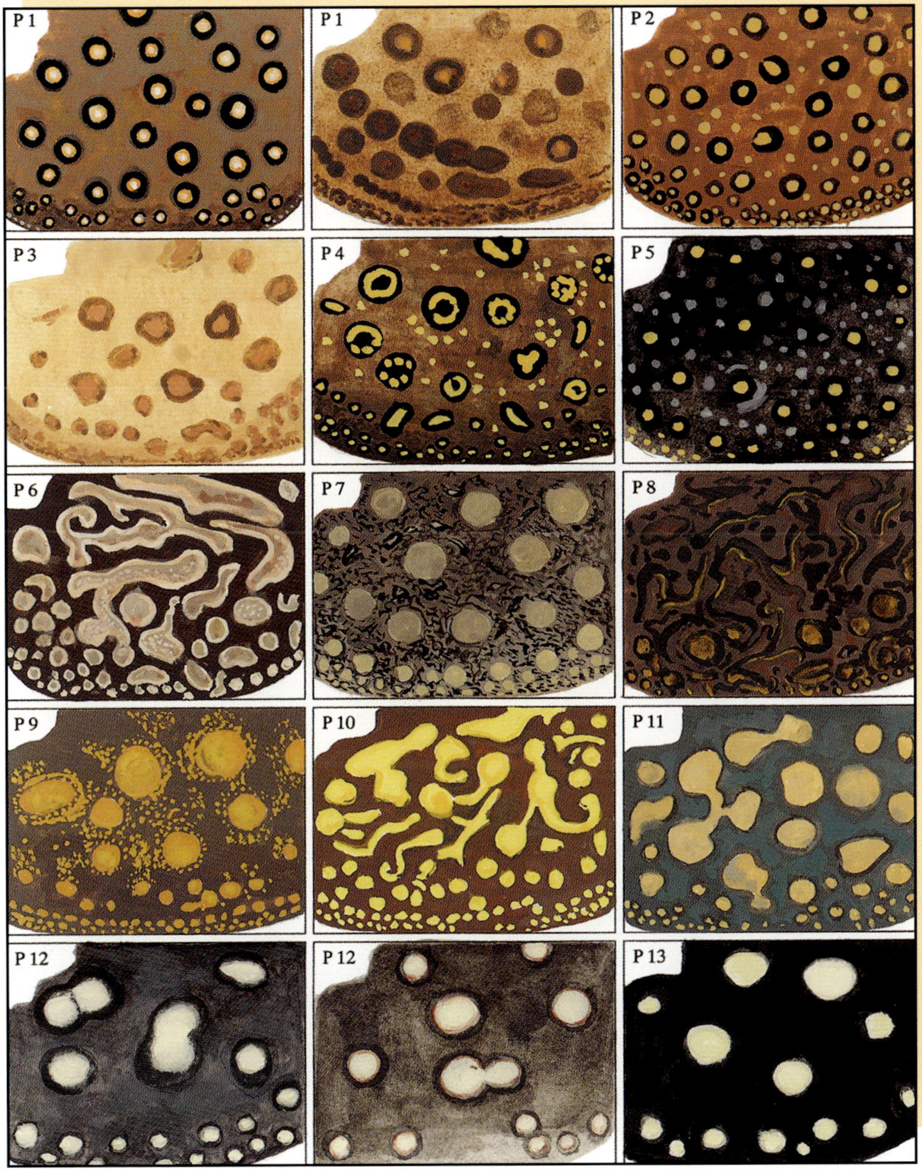
P 1
P 1
P 2
P 3
P 4
P 5
P 6
P 7
P 8
P 9
P 10
P 11
P 12
P 12
P 13

P7, vermutlich unbeschriebene Art Süßwasserstachelrochen aus Peru.
Die dunkle olivbraune Grundfarbe dieses Typs weist eine beinahe schwarze Musterung aus vielen kleinen Punkten und Linien auf. Dazwischen liegen helle, olivfarbene Augenflecken mit mehr oder weniger ausgeprägter, dunkler Umrandung. Die Anordnung der Augenflecken ist vergleichbar mit der Musterung bei den Motoro-Varianten.

P8, vermutlich unbeschriebene Art Süßwasserstachelrochen aus Brasilien.
Rochentyp mit dunkelbrauner Grundfarbe. Die beinahe schwarze Musterung ähnelt jener von *P. orbygni*, beziehungsweise *P. reticulatus*, sie ist jedoch weit grobmaschiger. Zwischen den linienartigen Mustern liegen vor allem nach außen hin einige dunkelumrandete Augenflecken, deren Zentren eine mittelbraune Farbe haben. Die Augenflecken sind von rundlicher, wie auch länglicher Form.

P9, vermutlich unbeschriebene Art Süßwasserstachelrochen aus Brasilien.
Die Grundfarbe ist bei diesem Rochentyp dunkelbraun. Der Flossensaum wird durch nach außen hin kleiner werdende, hellbraungelbliche Punkte in mehreren Reihen umrandet. In der Mitte des Rochenkörpers befinden sich rundliche Flecken in derselben Färbung. Diese werden jedoch von vielen kleinen, hellbraun-gelblichen Punkten umringt, was den Rochen eine sehr ansprechende Körperfärbung verleiht.

P10, vermutlich unbeschriebene Art Süßwasserstachelrochen aus Brasilien.
Die Fleckenzeichnung dieses Rochentyps ähnelt P9. Die Grundfärbung ist ebenfalls dunkelbraun. Allerdings haben die Flecken einen gelblicheren Farbton, auch fehlen die kleinen Punkte, die die Flecken bei P9 umgeben. Einzelne Flecken sind miteinander verbunden, was ein leopardenartiges Gesamtmuster ergibt.

P11, vermutlich unbeschriebene Art Süßwasserstachelrochen aus Brasilien.
Die Grundfarbe von P11 ist ein sehr dunkles Kobaltblau. Darauf liegen regelmäßig verteilt hellbraune Flecken die nach außen hin kleiner werden.

P12, Schwarzer Rochen, „Black-Ray“
Potamotrygon henlei aus Brasilien.
Ein Rochentyp mit schwarzer Grundfarbe. Die unregelmäßig verteilten hellgelben Flecken stehen einzeln oder können einander berühren. Bei manchen Rochen wirken die gelblichen oder weißlichen Flecken durch die auslaufende Färbung unscharf. Am Rande des Flossensaums befinden sich ebenfalls viele kleine hellgelbliche Punkte, die den Rochen sozusagen umranden.
Manche Exemplare dieser Variante können auch auf der Körperunterseite, meist am Rande, schwarz gefärbt sein und gelbliche Punkte aufweisen.

P13, Schwarzer Rochen, „Eclipse-Ray“
Potamotrygon leopoldi aus Brasilien.
Schwarzer Rochen mit hellen, scharf gezeichneten weißen Punkten, die mehr oder weniger regelmäßig auf dem Körper verteilt sind. Seltener sind die Punkte sehr hellgelb gefärbt. Bei einigen Exemplaren ist sogar der Rand der Körperscheibe von Punkten umrandet. Auch die Körperunterseite kann partiell schwarz sein, ansonsten ist sie wie bei P12 und P14 weißlich gefärbt.

P14, „Leopoldi-Variante“
Potamotrygon leopoldi aus Brasilien.

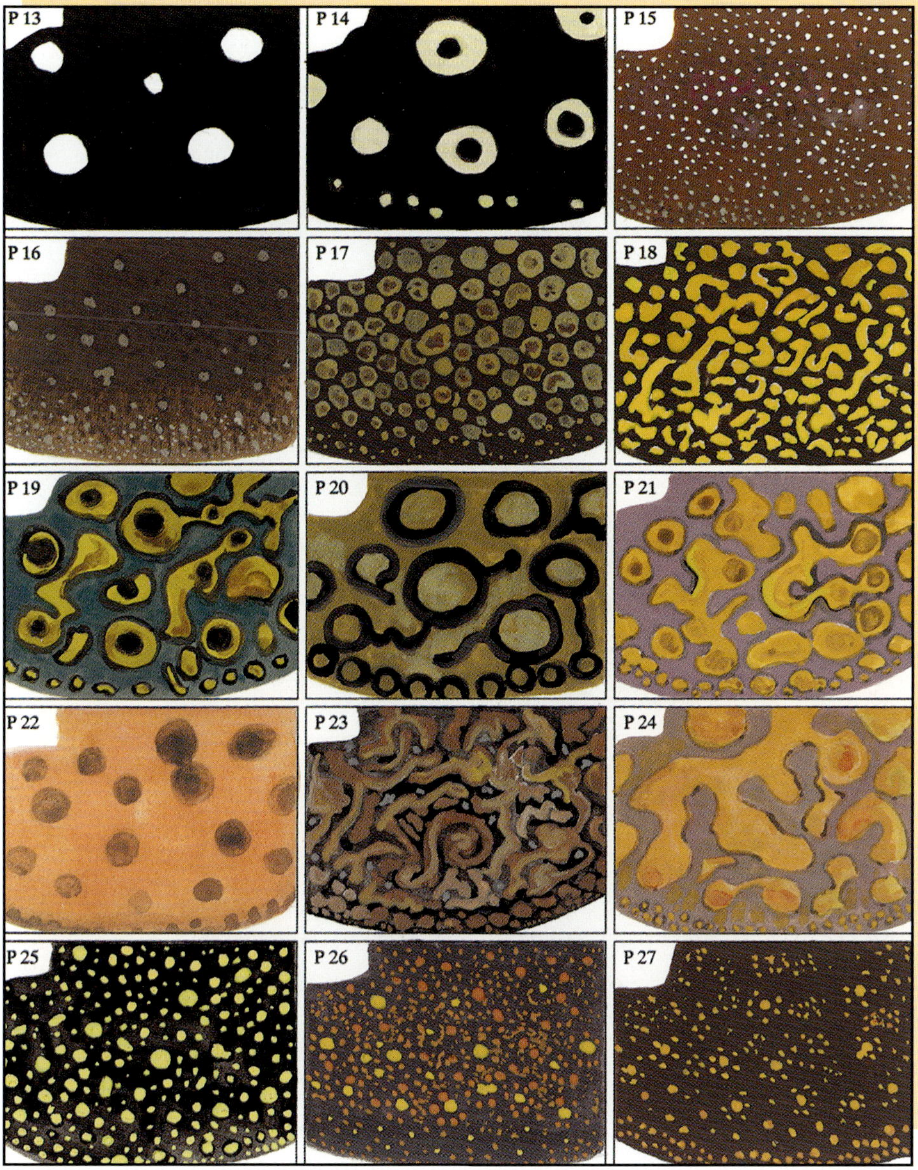
P 13
P 14
P 15
P 16
P 17
P 18
P 19
P 20
P 21
P 22
P 23
P 24
P 25
P 26
P 27

Bei diesem Rochentyp sind einige der weißen, seltener hellgelben oder beigen Flecken durch einen schwarzen Punkt im Fleckenzentrum gekennzeichnet.

P15, Antennen-Rochen
Plesiotrygon iwamae aus Peru.
Rochen mit gräulicher Grundfarbe und hellen, weißlichen Punkten, die regelmäßig auf der Körperoberseite verteilt sind. Dazwischen befinden sich viele kleine helle Punkte, die nach außen hin abnehmen. Eine Variante davon weist kleinere Punkte auf, die bis an den Rand des Flossensaums verlaufen. Die Grundfarbe ist ein Mittelbraun.

P16, „Iwamae-Variante"
Plesiotrygon iwamae vermutlich ebenfalls aus Peru.
Die Körpermusterung ist identisch mit P15, allerdings ist die Grundfarbe dunkelbraun bis fast schwarz und die Punkte haben eine hellbraune Farbe.

P17, nicht einzuordnende Art Süßwasserstachelrochen, „Black-Tailed-Antenna-Ray" aus Peru.
Rochentyp mit vielen hellbraunen Augenflecken mit dunklem Zentrum, die regelmäßig verteilt sind und nach außen hin kleiner werden. Durch die vielen unregelmäßig, rundlich geformten Flecken entsteht zusätzlich durch die dunkelbraune bis fast schwarze Grundfarbe ein „Gittermuster".

P18, nicht einzuordnende Art Süßwasserstachelrochen, „Black-Tailed-Antenna-Ray", vermutlich aus Peru.
Hierbei handelt es sich womöglich um die Gold-Variante von P 17. Die rosettenartigen, gelben Flecken ergeben mit dem dunkelbraunen Untergrund ein leopardenartiges Muster.

P19, vermutlich unbeschriebene Art Süßwasserstachelrochen, „Mantilla-Ray" aus Brasilien.
Rochen mit blau-grauer Grundfarbe. Darauf befinden sich unregelmäßig geformte, hellbraune Augenflecken mit schwarzem Zentrum sowie länglich verlaufende, hellbraune Flecken.

P20, vermutlich unbeschriebene Art Süßwasserstachelrochen, „Mantilla-Ray"-Variante aus Brasilien.
Rochen mit beiger Grundfarbe und kreisförmigen, schwarzen Ringen, die ein Muster ergeben. Zum Flossensaum hin werden die Ringe kleiner.

P21, vermutlich unbeschriebene Art Süßwasserstachelrochen, „Mantilla-Ray"-Variante aus Brasilien.
Rochentyp mit violett-grauer Grundfarbe und beigen Augenflecken mit hellbraunem Zentrum, die nach außen hin kleiner werden. Auf der Körpermitte sind viele der Augenflecken miteinander verbunden, was ein geflecktes Muster ergibt.

P22, vermutlich unbeschriebene Art Süßwasserstachelrochen, „Orange-Ray" aus Peru.
Die Grundfarbe dieses Rochentyps ist ein orange-braun. Darauf sind schwarze Flecken unregelmäßig angeordnet. Am Schwanz befinden sich schwarz umrandete, weißlich-orange Augenflecken.

P23, vermutlich unbeschriebene Art Süßwasserstachelrochen aus Brasilien.
Das grobe, linienartige dunkle Muster auf hellbraunem Grund, erinnert an die Zeichnung von *P. orbygni,* beziehungsweise *P. reticulatus.* Den Flossensaum zieren kleine, hellbraune Punkte.

P24, vermutlich unbeschriebene Art Süßwasserstachelrochen aus Brasilien.
Eine hellbraun-graue, sandfarbene Grundfarbe mit gelblich-braunen, unregelmäßig geformten Flecken kennzeichnet diesen Rochentyp. Einige der Flecken weisen eine dunkle Umrandung auf.

P25, vermutlich unbeschriebene Art Süßwasserstachelrochen, „Otorongo" aus Peru.
Dieser Rochentyp hat eine dunkle Grundfärbung. Die vielen kleinen gelben Flecken weisen eine dunkle, verschwommene Umrandung auf. Der Flossensaum wird zudem durch eine Reihe von noch kleineren Punkten abgegrenzt.

P26, vermutlich unbeschriebene Art Süßwasserstachelrochen, „Otorongo"-Variante aus Peru.
Im Gegensatz zu P25 weist dieser Typ lediglich vereinzelte gelbe Punkte über dem Flossensaum auf. Ansonsten besteht die feine Zeichnung aus vielen kleinen, hellbraunen Punkten, die ein rosettenartiges Muster ergeben.

P27, vermutlich unbeschriebene Art Süßwasserstachelrochen, „Estrella" aus Peru.
Rochentyp mit vielen kleinen gelblichen Punkten auf dunkler, beinahe schwarzer Körperoberseite. Manche der Punkte ergeben Kreismuster, die jeweils in der Mitte einen weiteren Punkt haben.

P28, vermutlich unbeschriebene Art Süßwasserstachelrochen, „Otorongo"-Variante aus Peru.
Dieser Typ entspricht beinahe P26. Jedoch ist die Grundfarbe ein Mittelbraun und die kleinen hellbraunen Punkte ergeben ein feineres, rosettenartiges Muster.

Potamotrygon motoro. *Foto: Yvette Tavernier*

P29, vermutlich unbeschriebene Art Süßwasserstachelrochen, „Hawaiian" aus Peru. Mit dunkler, brauner Grundfarbe verfügt auch dieser Rochentyp über eine eher feine Körperzeichnung, die durch viele kleine Punkte in kreisförmiger Anordnung zustande kommt. Einige helle Punkte auf den Körperflanken vervollständigen die Farbmerkmale.

P30, vermutlich unbeschriebene Art Süßwasserstachelrochen aus Peru.
Die gesprenkelte, dunkle Körperfarbe erinnert an *P. orbygni* beziehungsweise *P. reticulatus*. Andersartig sind jedoch die hellbraunen, regelmäßig verteilten Flecken und die hellen Punkte über den Flossensäumen.

P31, vermutlich unbeschriebene Art Süßwasserstachelrochen, „Tigrinus; Tigrillo" aus Peru.
Dieser Rochentyp verfügt über eine kontrastreiche Körperzeichnung. Hell verlaufende Linien ergeben hirnartige Windungen, die sich vom dunkelbraunen Hintergrund gut abheben. An den Flossensäumen befinden sich zusätzlich mehrere Reihen hellbraune Punkte.

P32, vermutlich unbeschriebene Art Jungtier von „Tigrinus; Tigrillo" aus Peru.
Das hier beschriebene Jungtier verfügt über dieselbe Körperzeichnung wie P31. Die Grundfärbung ist aber beige und die Zeichnung ist ein sehr helles Braun. Darüberhinaus zeigen die Punkte über den Flossensäumen eine hellgelbe Farbgebung.

P33, vermutlich unbeschriebene Art Süßwasserstachelrochen, „Estrella"-Variante aus Peru. Dieser Typ hat eine identische Körperfarbe und -zeichnung wie P27, einzig die Anordnungen der Punkte ergeben etwas feinere Musterungen.

P34, vermutlich unbeschriebene Art Jungrochen, „Estrella"-Variante aus Peru.
Dieser Typ verfügt über helle, mittelgroße Punkte auf dunklem Grund, die kleinen Punkte dazwischen – wie bei P27 und P33 – fehlen aber weitgehend.

P35, vermutlich unbeschriebene Art Süßwasserstachelrochen, „Otorongo"-Variante aus Peru.
Im Vergleich zu P28 verfügt dieser Typ über eine etwas gröbere Zeichnung auf dunkelgrauem Grund.

P36, vermutlich unbeschriebene Art Süßwasserstachelrochen, „Motelo" aus Peru. Rochentyp, mit hellbraunen Punkten, die jeweils zu rosettenartigen Mustern zusammenstehen und sich vom dunklen Hintergrund gut abheben. Entlang der Flossensäume verlaufen mehrere Reihen helle Punkte.

P37, vermutlich unbeschriebene Art Süßwasserstachelrochen, „Belem-Ray" aus Brasilien.
Dieser Typ weist eine dunkelbraune Grundfärbung mit braunen Flecken und schwarzen Punkten auf. Nach außen hin werden die Flecken und Punkte kleiner.

P38, nicht einzuordnende Art Süßwasserstachelrochen, von der Gruppe „Belem-Rays" aus Brasilien.
Dieser Typ ähnelt der Art *Potamotrygon henlei* sehr. Auf beinahe schwarzem Grund befinden sich helle Punkte mit schwarzer Umrandung. In der Körpermitte finden sich weniger Punkte als nach außen hin. Einige der Punkte sind nicht kreisförmig sondern nierenförmig ausgebildet.

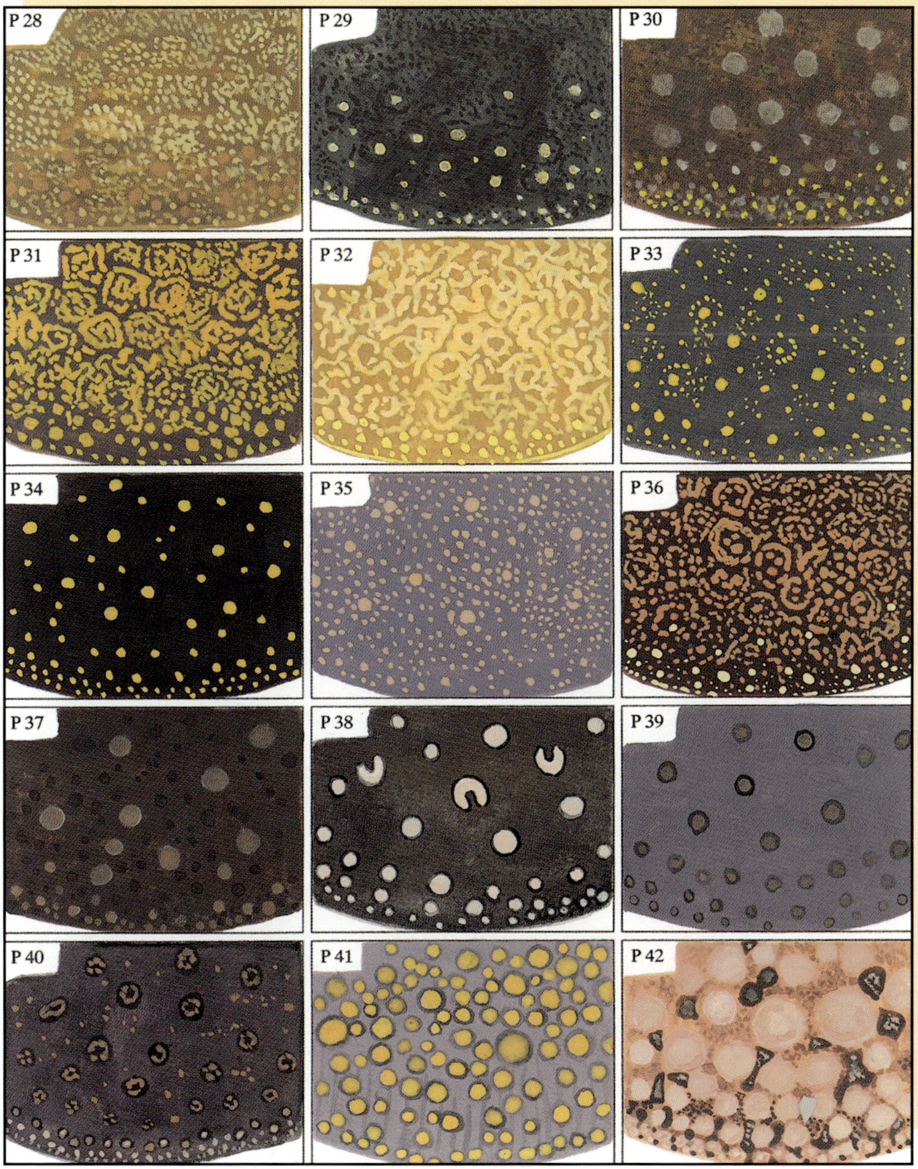
P 28
P 29
P 30
P 31
P 32
P 33
P 34
P 35
P 36
P 37
P 38
P 39
P 40
P 41
P 42

P39, vermutlich unbeschriebene Art Süßwasserstachelrochen, von der Gruppe „Belem-Rays“ aus Brasilien.
Rochentyp mit dunkelbrauner Grundfarbe und regelmäßig angeordneten, schwarz umrandeten, braunen Augenflecken, wie sie bei *P. motoro* in anderer Farbgebung typisch sind.

P40, vermutlich unbeschriebene Art Süßwasserstachelrochen aus Brasilien.
Dieser Rochentyp zeigt eine dunkelbraune Körperfarbe. Entlang der Flossensäume befinden sich hellbraune, dunkel umrandete kleine Augenflecken. In der Körpermitte sind regelmäßig schwarze, runde Flecken angeordnet, die meist vier bis fünf hellbraune Punkte in Kreisformation enthalten.

P41, vermutlich unbeschriebene Art Süßwasserstachelrochen aus Peru.
Rochentyp mit grauer Grundfarbe und vielen, hellbraunen Augenflecken. Zwischen den regelmäßig angeordneten, größeren Augenflecken finden sich viele kleinere Flecken, die nach außen hin ein verschwommeneres Aussehen aufweisen.

P42, vermutlich unbeschriebene Art Süßwasserstachelrochen aus Brasilien.
Dieser Typ hat eine beige Grundfärbung mit hellen, dicht beieinander stehenden hellbraunen Flecken. Meist dazwischen liegen unterschiedlich geformte dunkelbraune „Augenflecken“, die zu den nach außen hin dunkler werdenden Flossensäumen kleiner werden. Auffallend ist der verhältnismäßig kräftige Schwanz.

P43, vermutlich unbeschriebene Art Süßwasserstachelrochen, „Chocolate-Ray“ aus Brasilien.
Dieser Typ erinnert etwas an *P. ocellata*. Auf dem sehr dunklen Untergrund befinden sich orange, mit vielen hellbraunen, kleinen Punkten umrandete Augenflecke. Dazwischen sind ebenfalls sehr viele kleine, hellbraune Punkte angeordnet.

P44, nicht einzuordnende Art Süßwasserstachelrochen aus Brasilien.
Die Körperfärbung des Rochentyps P44 ähnelt der Art *P. motoro*. Auf grau-olivem Grund der Körperoberseite sind mehr oder weniger regelmäßig die Augenflecken verteilt. Sie weisen eine hellbraune Färbung auf und sind dunkel umrandet.

P45, vermutlich unbeschriebene Art Süßwasserstachelrochen, „Sacha-Ray“ aus Peru.
Auf dem hellbraunen, sandfarbenen Rochenkörper dieses Typs sind ockerfarbene, unregelmäßig geformte und dunkel umrandete Flecken verteilt. Auf den Flossensäumen befinden sich dagegen nach außen hin kleiner werdende Augenflecken in derselben Farbgebung.

P46, vermutlich unbeschriebene Art Süßwasserstachelrochen, „Mosaic-Ray“ aus Peru.
Hierbei handelt es sich um einen besonders interessant gefärbten Rochentyp. Auf beinahe schwarzem Grund liegen die hellbraunen Flecken verteilt, die sich teilweise berühren und nach außen hin kleiner werden. Die Ränder dieser Flecken sind etwas dunkler gefärbt. Sie liegen relativ nahe beieinander, so daß der schwarze Untergrund zugleich den Eindruck eines netzartigen Musters erzeugt.

P47, vermutlich unbeschriebene Art Süßwasserstachelrochen, „Florida-Ray“ aus Brasilien.
Die feine scharfgezeichnete Körperzeichnung

macht diesen Rochentyp zu etwas Besonderem. Auf braun-olivem Grund befinden sich hellbraune „Augenflecken", deren Umrandung aus mehreren dunklen Punkten besteht. Zwischen den „Augenflecken" und über den Flossenrändern sind ebenfalls kleine dunkle Punkte angeordnet.

P48, *„Potamotrygon scobina"*
Süßwasserstachelrochen aus Brasilien.
Dies ist ein Rochentyp mit rotbrauner Grundfarbe. Die gelblichen, hellbraunen Augenflecken sind nicht sehr groß, dafür eher zahlreich vorhanden. Vor allem der relativ kräftige Schwanz ist von vielen der kleinen Augenflecken übersät.

P49, vermutlich unbeschriebene Art
Süßwasserstachelrochen, „Tigre" aus Peru.
Der Populärname „Tiger" macht diesem Rochentyp alle Ehre. Der Schwanz ist schwarz und goldgelb gestreift. Auf dem Körper sind auf beinahe schwarzem Grund dicht beieinander liegende goldgelbe Linien in Windungen angeordnet.

P50, vermutlich unbeschriebene Art
Süßwasserstachelrochen, „Tigre" aus Peru.
Dieser Rochentyp charakterisiert einen Jungrochen mit blasser Farbgebung. Die Körperzeichnung entspricht P49, nicht aber die Farbgebung. Diese ist ein helles Braun auf mittelbraunem Grund.

P51, vermutlich unbeschriebene Art
Süßwasserstachelrochen, „Tigre" aus Peru.
Dieser Rochentyp charakterisiert ebenfalls einen Jungrochen mit blasser Farbgebung. Die Körperzeichnung und Farbgebung entspricht weitgehend P50. Die Zwischenräume zwischen den Linienwindungen sind etwas kleiner.

P52, vermutlich unbeschriebene Art
Süßwasserstachelrochen, „Tigre" aus Peru.
Dieser Rochentyp charakterisiert einen weiteren Jungrochen mit blasser Farbgebung. Die Körperzeichnung und Farbgebung entspricht weitgehend P50. Die Zwischenräume zwischen den Linienwindungen sind etwas größer angelegt.

P53, *„Potamotrygon falkneri"*
Süßwasserstachelrochen aus Brasilien.
Auf dem dunkelbraunen Grund dieses Rochentyps befinden sich viele kleinere gelbliche und dunkel umrandete Augenflecken in meist runder Formgebung. Die Augenflecken liegen nahe beieinander, die meisten berühren sich, nach außen hin werden sie kleiner.

P54, vermutlich unbeschriebene Art
Süßwasserstachelrochen, „Carpet-Ray" aus Peru.
Die dunkelbraune, beinahe schwarze Grundfärbung umgibt die vielen nahe beieinander stehenden, oft sechs an der Zahl, sich meist berührenden Punkte, die jeweils kreisförmig angeordnet sind und so in ihrer Gesamtzahl eine ansprechende Körperzeichnung ergeben.

P55, vermutlich unbeschriebene Art
Süßwasserstachelrochen aus Peru.
Dieser ocker-olivebrauner Rochentyp weist einzelne, dunkel umrandete Flecken in unterschiedlicher Formgebung auf. Über den Flossensäumen sind kleinere Augenflecken mit unscharfen Umrissen angeordnet.

P56, *„Paratrygon aireba"*
Süßwasserstachelrochen, „Ceja" aus Peru.
Dieser Rochentyp weist die typische, der Art eigene Formgebung der Körperscheibe auf. Auf dunklem Untergrund ergeben dicke, hellbraune Linienwindungen die Körperzeichnung. Auffallend ist der sehr dünne Schwanz.

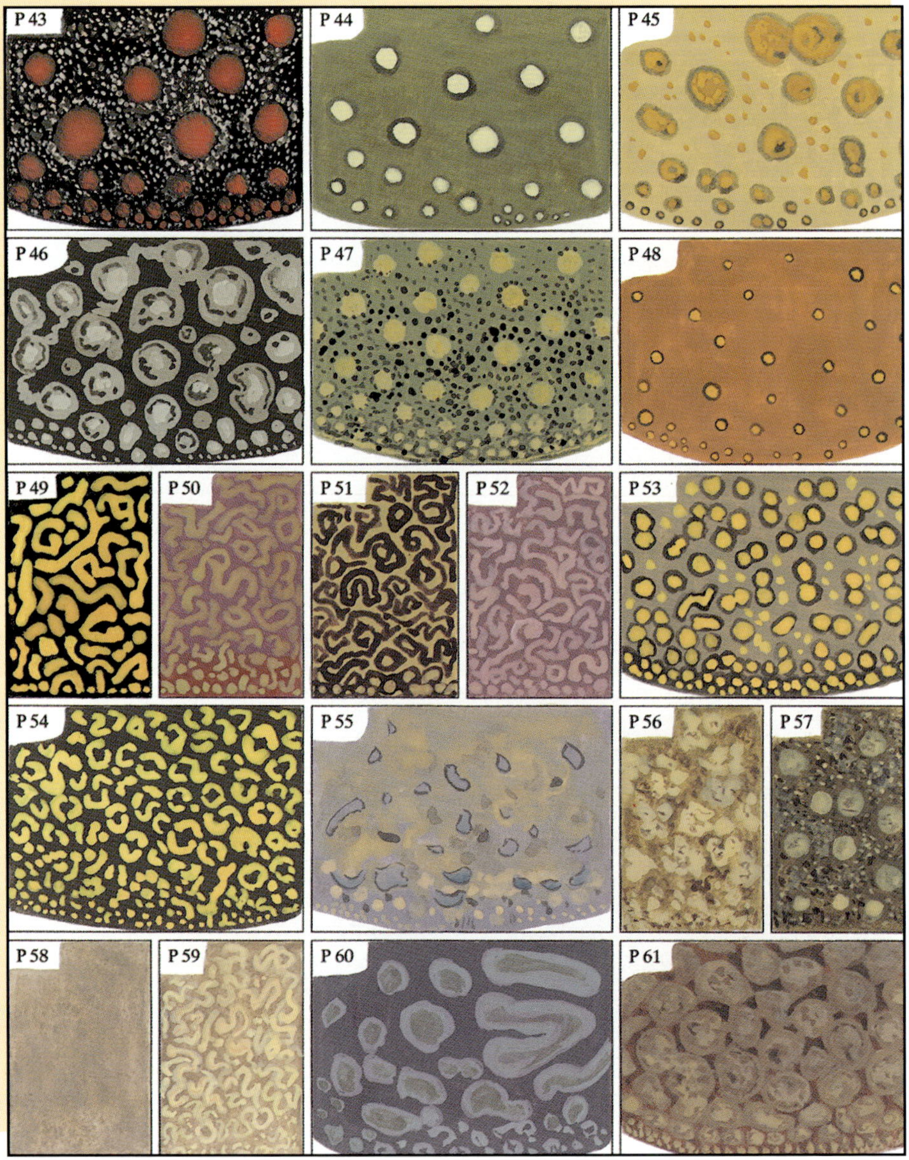
P 43
P 44
P 45
P 46
P 47
P 48
P 49
P 50
P 51
P 52
P 53
P 54
P 55
P 56
P 57
P 58
P 59
P 60
P 61

P57, vermutlich *Paratrygon aereba*
Süßwasserstachelrochen, „Manzana-Ray" aus Brasilien.
Dieser Rochentyp weist ebenfalls die typische, der Art eigene Formgebung der Körperscheibe auf. Die Grundfarbe ist dunkel. Die feinen, hellbraunen Linienwindungen bestehen aus sehr nahe beieinander stehenden Punkten. Dazwischen liegen helle Flecken. Auffallend ist ebenso der sehr dünne Schwanz.

P58, vermutlich unbeschriebene Art
Süßwasserstachelrochen, „China-Ray" aus Peru.
Rochentyp mit kurzem und sehr dünnem Schwanz. Die Körperfärbung ist uni hellbraun.

P59, vermutlich unbeschriebene Art
Süßwasserstachelrochen, „Coly-Ray" aus Peru.
Dieser Rochentyp besitzt eine braune Grundfarbe. Die hirnwindungsähnlich angeordnete helle Linienzeichnung ergibt eine feine Zeichnung. Über den Flossensäumen sind vereinzelte Punkte zu sehen. Ein kurzer und sehr dünner Schwanz kennzeichnet auch diesen Rochentyp.

P60, *„Potamotrygon hystrix"*
Süßwasserstachelrochen aus Kolumbien und Peru.
Rochentyp mit dunkler Grundfarbe und hellbraun umrandeten Augenflecken über den Flossensäumen. In der Körpermitte liegen große, unterschiedlich geformte Flecken in derselben Farbgebung, wie die Augenflecken.

P61, nicht einzuordnende Art
Süßwasserstachelrochen, „Colombian-Ray" aus Guyana und Kolumbien.
Rochentyp mit charakteristischer Körperfärbung von *P. orbygni*, beziehungsweise *P. reticulatus*, die jedoch kontrastreicher ist.

Süßwasserrochenarten aus Asien und Afrika

Gelegentlich gelangen auch Rochenarten, die nicht aus Südamerika stammen, in den Handel. Sie werden im vorliegenden Buch nicht behandelt.
Neben den südamerikanischen Potamotrygoniden bilden die Peitschenschwanzstachelrochen aus der Familie Dasyatidae die zweite große Gruppe der Süßwasserrochen. Diese Gruppe beinhaltet die Gattung *Dasyatis* mit vier Arten und die Gattung *Himantura* mit vier Arten.
Besonders aber die Tiere mit peitschenförmigem Schwanzende sind alleine schon wegen ihrer zu erwartenden Körpergröße nicht in Heimaquarien zu pflegen. Einmal abgesehen von den üblichen Besonderheiten bezüglich Anforderungen an die Wasserqualitäten und Aquariengrößen, stellen diese Arten vermutlich ähnliche Pflegeansprüche.
Ansonsten sind noch etliche euryhalinen Arten bekannt, die zumindest zeitweise im Süßwasser leben, sie sind aber überhaupt nicht für die Pflege in Heimaquarien geeignet. Auch einige der sogenannten Peitschenschwanzstachelrochen leben nur zeitweise im Süßwasser. Letztlich ist dadurch eine dauerhafte Pflege im Süßwasser unmöglich, so daß ein weiterer Grund für den Verzicht auf die Pflege solcher Arten besteht.

Schutz der Rochen

Von den heute bekannten rund 1000 Knorpelfischarten leben gerade etwa 43 Arten aus zehn Gattungen und vier Familien dauerhaft im Süßwasser. Wobei die Elasmobranchier, also die Haie und Rochen, die Mehrheit der Knorpelfische ausmachen. Vor allem die Überfischung der Ozeane und die erbarmungslose Jagd nach den Haien schlägt tiefe Wunden in das bereits schon labile Gleichgewicht der

Potamotrygon sp. (Tiger) Foto: Yvette Tavernier

marinen Fischwelt. Und wie präsentiert sich die Lebenssituation der südamerikanischen Süßwasserstachelrochen? Diese Frage läßt sich heute kaum im gesamten Umfang weder erfassen, noch beantworten. Tatsache ist, daß sich die menschlichen Ansiedlungen an den Ufern von Flüssen und Seen in Südamerika stetig vergrößern. Die Gewässersysteme werden, trotz Straßenbau, im fortschreitenden Masse als Verkehrs- und Transportwege genutzt. Die Abwässer der Siedlungsgebiete nehmen stetig zu und werden nicht selten ungeklärt in die Flüsse entsorgt. Umweltgifte wie Pestizide aus der Landwirtschaft und industrielle Abfallprodukte verunreinigen die Gewässer in beängstigendem Ausmaße. Durch die Rodungen großer Urwaldflächen wandeln sich durch die Erosion und „Verschlammung" der Gewässer die Landschaftsbilder auf tragische Weise. Der Abbau von Rohstoffen verseucht die Gewässer, indem beispielsweise große Mengen von giftigem Quecksilber der Goldsucher in die Flußsysteme gelangen. Auch der Bau gigantischer Staudämme, um den steigenden Energiebedarf zu decken, zerstört oder verändert das Leben im und am Wasser. Gleichzeitig schreitet die Überfischung der südamerikanischen Binnengewässer in immer größerem Umfang fort und hat teilweise schon die abgelegensten Regionen erreicht.

In Anbetracht der Fülle an Umweltbedrohungen können auch die großflächigen

Gewässersysteme des Amazonas und Orinokos nicht ungefährdet bleiben. In vielerlei Hinsicht sind die Fließgewässer sogar noch um ein Vielfaches anfälliger gegenüber den massiven Umweltveränderungen, als dies schon bei den Ozeanen der Fall ist. So kann nicht darüber hinweggesehen werden, daß besonders auch die Süßwasserstachelrochen dem zivilisatorischen Druck unvorteilhaft ausgesetzt sind. Die südamerikanischen Süßwasserstachelrochen stellen eine ökologische und evolutive Kostbarkeit dar, die es unbedingt zu erhalten gilt. Betrachtet man nun die Ausmaße der Umweltzerstörungen, so scheinen Bedenken gegen eine Nutzung der Fischbestände für aquaristische Zwecke geradezu paradox. Die Übel müssen vor allem an der Wurzel angepackt werden. Hierbei scheinen die schon seit längerer Zeit angelaufenen Projekte den Regenwald und seine Gewässersysteme schonend zu nutzen – wie es mit dem Wildtiermanagement in Afrika verglichen werden kann – zur Zeit die sinnvollsten Lösungsansätze zu beinhalten. So hat die Bevölkerung wie auch die Pflanzen- und Tierwelt ihren Nutzen daraus. In diesen Modellen hat sicher auch der kontrollierte Zierfischfang seine Berechtigung. Dem Gedanken Rechnung tragend, werden der Handel aber – und dies ist sehr wichtig – auch der Naturschutz höchstwahrscheinlich einen Sieg davontragen. Man darf hoffen, daß es zu schnellen und nachhaltigen Lösungsansätzen kommt, ansonsten wird auch die Aquaristik der Zukunft ihre Nachteile davontragen.

Die südamerikanischen Süßwasserstachelrochen sind in mehrfacher Hinsicht zu beachten. Zum einen müssen die empfindlichen Ökosysteme der Subtropen und Tropen durch Umweltschutzmaßnahmen erhalten bleiben, damit die Rochen mit ihrer spezifischen Anpassung noch ausreichend Lebensräume finden. Zum anderen haben die Rochen eine wichtige „Botschafterrolle“ auszuüben, um darauf hinzuweisen, daß die in Aquarien gepflegten Tiere aus einer bedrohten Umwelt entstammen – wenigstens machen sie somit auf sehr direkte Art und Weise auf die bestehenden Probleme aufmerksam. Zuguterletzt ist auch noch jeder Aquarianer gefordert. Nur wer bereit ist, den südamerikanischen Süßwasserstachelrochen die nötigen Voraussetzungen für eine artgemäße Pflege und eine allfällige Fortpflanzung zu bieten, sollte sich der Rochenhaltung widmen. Ansonsten ist darauf zu verzichten. Dies vor allem, weil es für die Rochenpflege im besonderen Maße zutrifft, daß eine dauerhafte Pflege mit Kompromissen unmöglich ist.

Obwohl sich ein Rochenaquarium in seinen Grundvoraussetzungen für den Betrieb kaum von anderen Aquarientypen unterscheidet, gibt es einige wichtige Aspekte zu beachten. Alleine schon die benötigte Aquariengröße und die daraus entstehenden Ansprüche an die Technik stellen eine beachtliche finanzielle Investition dar. Gleichzeitig müssen Sie sich auch bewußt sein, daß der Pflegeaufwand einiges an Zeit beansprucht. Ein Wasserwechsel, die periodisch durchzuführenden Reinigungsarbeiten am Filter und manches mehr können den Pfleger vor unerwartete Situationen stellen. Womöglich muß dieser sogar ins Aquarium hineinsteigen, um Korrekturen an der Einrichtung vorzunehmen. Nicht zuletzt auch deshalb muß dem Pfleger klar sein, mit den Rochen nicht „niedliche" Aquariumfische erworben zu haben, sondern daß er es mit anspruchsvollen Wildtieren zu tun hat. Dies erfordert auch höchste Aufmerksamkeit beim Umgang mit den stachelbewehrten Rochen.

Zugegebenermaßen animieren die kleinen im Handel angebotenen „Jungrochen" zu einem unüberlegten Kauf der Tiere. Doch schon sehr bald erreichen sie einen Körperdurchmesser, der die Grundflächen gängiger Aquariumgrößen viel zu klein erscheinen lassen. In der Tat können südamerikanische Süßwasserstachelrochen, wie alle anderen Vertreter dieser Fischgruppe auch, nicht dauerhaft in nur 200 bis 500 l fassenden Normalaquarien gepflegt werden. Meist schon nach kurzer Zeit sehen sich dann die Pfleger vor das Problem gestellt, was sie mit den zu groß gewordenen Rochen anfangen sollen. In der Regel lassen sich große Rochen auch kaum mehr an Privatpersonen abgeben, da nur die wenigsten Aquarianer über ausreichend geräumige Aquarien verfügen. Folglich wird der einsichtig gewordene Pfleger dann doch ein größeres Aquarium erwerben. Noch besser ist es aber, bei unzureichenden Voraussetzungen für die Pflege, auf den Erwerb von Süßwasserstachelrochen zu verzichten.

Beachtenswertes bei der Rochenpflege

Ob es sich nun um kleine „Jungrochen" oder ausgewachsene Exemplare von 60 bis 80 cm Scheibendurchmesser handelt, immer geht vom Rochenstachel eine nicht zu unterschätzende Gefahr aus. Die Gefährlichkeit des Stachels ist nicht übermäßig zu fürchten, aber auch nicht zu verharmlosen. Die Verteidigungswaffe wird von den südamerikanischen Süßwasserstachelrochen instinktiv eingesetzt – selbst dann, wenn ein unvorsichtiges Hantieren im Aquarium noch so gut gemeint ist. Erschreckte oder in die Enge getriebene Rochen greifen nicht aus Böswilligkeit an, sondern

Unbeschriebene Rochenart, Potamotrygon *sp. Foto: Yvette Tavernier*

um sich vor einer vermeintlichen Gefahr zu schützen. So gesehen ist jeder Pfleger nicht davor gefeit, plötzlich einmal in Kontakt mit dem Rochenstachel zu kommen. In zu kleinen Aquarien erhöht sich diese Gefahr noch um ein Vielfaches, da für die Rochen kaum Ausweichmöglichkeiten bestehen.

Die Auswirkungen eines Rochenstichs können sehr unterschiedlich ausfallen. Zum einen entstehen beachtliche Verletzungen durch den beispielsweise in einen Arm eintretenden Stachel. Zum anderen – und dies stellt die größere Gefahrenquelle dar – wird durch den Stich eine mehr oder weniger größere Menge Gift in die Wunde gelangen. Das Gift wirkt je nach Gesundheitszustand des davon betroffenen Pflegers sehr unterschiedlich. Normalerweise wird die Wunde sehr schmerzen und die gestochene Körperstelle stark anschwellen. Schwindelgefühle und Übelkeit dehnen sich über Stunden oder Tage aus, je nach Giftmenge, die in den Körper gelangt. Bei höheren Giftmengen können die Beschwerden über Wochen andauern. Unter Umständen kann es ein bis fünf Monate bis zur vollständigen Genesung dauern. Damit einhergehend treten bei unzureichender Wundbehandlung oftmals sehr langsam abklingende Wundinfektionen auf. Größere Giftmengen können auch starke Schwindelgefühle mit gleichzeitiger Blutdrucksenkung, Schweißausbrüche, Erbrechen, Muskelkrämpfe oder Durchfall hervorrufen. Selbst Lähmungserscheinungen sind nicht auszuschließen.

Zu den besonders gefährdeten Personengruppen zählen ältere Menschen, Leute mit schwacher körperlicher Konstitution, schwangere Frauen und vor allem Kinder. Es ist sogar nicht auszuschließen, daß eine gestochene Person unter bestimmten Voraussetzungen stirbt. Deshalb ist beim Kontakt mit dem Rochenstachel auf jeden Fall ein Arzt aufzusuchen. Selbst schon kleine Kratzer können unangenehme Wirkungen haben und müssen behandelt werden.

Als Erste-Hilfe-Maßnahmen ist die Wunde intensiv unter dem Kaltwasserhahn auszuwaschen. Danach wird die Wunde mit „heißem“ Wasser nachgereinigt. Dadurch verlieren gewisse Giftanteile etwas von ihrer Wirkung, das heißt ein Teil der im Gift enthaltenen Proteine wird denaturiert. Hierbei kann auch ein Eintauchen der betroffenen Wundstelle in ein Heißwasserbad etwas Unterstützung bieten. Anschließend ist jedenfalls ein Arzt aufzusuchen. Dieser ist über die Giftigkeit des Rochenstachels in Kenntnis zu setzen und zudem über die möglichen Behandlungsmethoden zu informieren. Gewöhnlich haben europäische Ärzte keine Erfahrungen in der Behandlung von Stachelrochenstichen. Am besten erkundigt sich der Arzt über die Behandlungsmethoden bei einem brasilianischen Spital. Ratsam ist auf jeden Fall eine Untersuchung auf die Kreislaufstabilität. Zur Behandlung der schmerzenden Wunde – in Absprache mit dem behandelnden Arzt – können Schmerz-

Die Anschaffung eines Rochenaquariums stellt eine beachtliche Investition dar und muß reiflich überlegt sein. Weiter hat auch eine ausreichend große Grundfläche für das Aquarium zur Verfügung zu stehen, ansonsten sollte auf die Pflege von Rochen verzichtet werden. Foto: Hans Gonella

Potamotrygon motoro aus dem Vivarium des Zoologischen Gartens Basel. Hierbei handelt es sich um eine Nachzucht des Exotariums in Frankfurt. Foto: Hans Gonella

tabletten und Mittel gegen Allergien eine Linderung herbeiführen. Ebenso ist eine Wundstarrkrampfimpfung vorzusehen, wenn diese nicht schon vorhanden ist. Gelegentlich kamen auch schon Cortison und Antibiotika zur Unterstützung der Wundheilung zum Einsatz. Zudem kann das Einnehmen eines Vitamin-B-Komplexes eine Wundheilung beschleunigen.

Es lohnt sich auch für eine zusätzliche Erste-Hilfe-Maßnahme eine Apparatur zum Absaugen des Gifts anzuschaffen. Dabei handelt es sich um eine Unterdruck-Minipumpe. Diese saugt durch das Aufsetzen des Absaugkolbens – mittels eines Vakuums – das Gift aus der Wunde. Das handliche Gerät kann mit einer Hand bedient werden, benötigt keinen Strom und ist nicht teuer. Die Unterdruck-Minipumpe der Marke ASPIVENIN kann in Apotheken bestellt werden. Zudem können auch toxikologische Institute über Bezugsquellen der Produkte der Aspir s.a.r.l., in F-95110 Sannois, in Frankreich, Auskunft geben. Nach dem Absaugen des Gifts, wie im Beipackzettel angegeben, ist die Wunde wie zuvor beschrieben zu reinigen, zu desinfizieren und anschließend ein Arzt aufzusuchen.

Übrigens gilt es auch zu bedenken, daß auch von abgeworfenen Rochenstacheln eine Gefahr ausgehen kann. Selbst noch nach Jahren können eingetrocknete Giftreste zu Vergiftungen führen, wenn diese in eine Wunde geraten. Stacheln, die als Souvenir aufgehoben werden, sind demzufolge sorgfältig zu reinigen und mit Vorsicht zu handhaben.

Über die vollständige Zusammensetzung des Gifts ist nichts Genaues bekannt. Doch handelt es sich beim Gift der Rochen quasi um „Leichengift“. Dieses besteht unter anderem aus halb verwestem Gewebe in der Stachelrinne. In der Folge treten Erscheinungen einer massiven Blutvergiftung auf. Aus Europa ist ein Fall bekannt, daß einem Aquarianer aufgrund einer falschen Behandlung die verletzte Hand amputiert werden mußte. Aus Südamerika sind nachweislich Fälle aufgetreten, bei denen Leute mit Herzschwächen, durch einen Rochenstich starben. Dies alles soll aber nicht eine übermäßige Angst vor Rochen verursachen, sondern darauf hinweisen, daß der Umgang mit südamerikanischen Süßwasserrochen vorsichtig zu erfolgen hat.

Die Aquariumgröße

Eine entsprechende Aquariumgröße ist für die dauerhafte und artgemäße Rochenpflege unerläßlich. Je größer das Aquarium, desto wohler fühlen sich die Rochen darin. Wobei es bei dem Aquarium weniger auf das Wasservolumen ankommt, als daß es eine möglichst große

Südamerikanische Süßwasserstachelrochen und Gabelbärte sind beides Fische, die viel Raum beanspruchen. Ist dieser vorhanden, lassen sie sich gut vergesellschaften. Die Rochen bevorzugen die unteren und die Gabelbärte die oberen Wasserschichten. Foto: Yvette Tavernier

Grundfläche aufweist. Das Mindestmaß der Grundfläche sollte auf jeden Fall größer als 1,8 m Länge und 1 m Tiefe sein. Für großwüchsige Rochenarten wie *P. motoro* sind dagegen Aquarien von 4 m Länge und 2 m Tiefe noch beinahe zu klein bemessen. Ebenfalls ist der Wasserstand im Aquarium ein nicht zu unterschätzender Pflegefaktor. Obschon sich die Lebensweise der Rochen auf den Bodengrund konzentriert, darf der Wasserstand nicht zu niedrig angesetzt werden. Die bewegungsfreudigen Rochen schwimmen nämlich gerne ausdauernd im freien Wasser. Dabei scheinen sie die mittleren, wie auch die oberen Wasserschichten gleichermaßen aufzusuchen. Der Wasserstand darf demzufolge nicht unter 60 cm liegen – je höher, desto besser. Zusätzlich ist bei Aquarien ohne Abdeckung ein Rand von mindestens 20 bis 30 cm zur genutzten Aquarienhöhe hinzuzurechnen. Dies verhindert, daß die Rochen beim Auf- und Abschwimmen im Aquarium nicht versehentlich über den Rand hinausfallen.

Gleichzeitig mit dem Aquarium ist auch ein robuster Unterbau zu erwerben. Dieser bietet auch Gewähr, daß das Aquarium plan aufgestellt werden kann. Somit wird bei einem unebenen Fußboden eine leichte Schräglage beim Aquarium verhindert, die zu Spannungen in der Glaskonstruktion führen könnte. Zudem ist es aus rein optischen Gründen vorteilhaft, das Aquarium nicht direkt auf dem Fußboden aufzustellen. Bei ausreichender Höhe des Unterbaus, von rund 60 cm, kann der damit gewonnene Raum zur Unterbringung der Technik genutzt werden. Als Unterbau haben sich geschweißte Stahlrahmenkonstruktionen bewährt. Die Seiten des Unterbaus lassen sich zum Beispiel auch auskleiden, indem mit Furnieren belegte Holzplatten an die Stahlrahmen angebracht werden. Bei einer abnehmbaren Befestigungsweise ist der Raum besser zu nutzen, so daß unterhalb des Aquariums zum Beispiel ein Topffilter montiert werden kann. Mit einem Fassungsvermögen von 1000 l und mehr besitzen Rochenaquarien natürlich ein beachtliches Gewicht. Es ist daher notwendig, die Tragfähigkeit des Fußbodens überprüfen zu lassen. Desweiteren ist das Aquarium stets an einer sogenannten tragenden Wand aufzustellen. Dort ist die mögliche Belastbarkeit des Fußbodens am höchsten. In einer Mietwohnung ist es darüberhinaus sehr wertvoll, sich das statische Gutachten des Ingenieurs schriftlich bestätigen zu lassen. Weiterhin ist der Vermieter über das Vorhaben, ein Aquarium dieser Größenordnung zu installieren, in Kenntnis zu setzen. Ebenfalls ist es bei einem möglichen Wasserschaden nützlich, sich vor dem Aufbau des Aquariums über die Versicherungsfragen zu informieren; nicht daß man bei einem Unglücksfall unversichert ist.

Standort des Aquariums

Der Standort des Aquariums im Wohnzimmer nimmt einen nicht unwesentlichen Einfluß auf die später zu erwartenden Pflegemaßnahmen. Damit keine Probleme durch übermäßiges Algenwachstum, hervorgerufen durch das einfallende Sonnenlicht, entstehen, ist das Aquarium möglichst weit weg vom Fenster aufzustellen. Es ist weitaus einfacher, das für die Pflanzen notwendige Licht mittels einer Aquarienbeleuchtung zu regulieren. Sollte das Aquarium von einigen Stunden Morgen- oder Abendsonne beschienen sein, so hat dies wiederum keine nachteiligen Folgen bezüglich eines Algenwachstums. Ganz im Gegenteil: Für die Pflanzen und bestimmt auch für die Rochen ist das natürliche Sonnenlicht eine wertvolle Lichtquelle.

Die harmonische Integration des Aquariums ins Wohnzimmer hat vor allem für den Pfleger Bedeutung. Ein Aquarium muß sich ausgewogen ins Gesamtbild einfügen. Auch darf die Zugänglichkeit für die Pflegemaßnahmen keinen Einschränkungen unterliegen. Bei offenen Aquarien darf auch damit gerechnet werden, daß die ungestümen Rochen hin und wieder durch heftige Schwimmbewegungen „kleinere" Mengen an Wasser über den Aquariumrand hinausbefördern.

Als Standort für das Aquarium haben sich Wohnzimmerecken bewährt. Von einer Sitzgruppe aus, die das Aquarium sozusagen umrahmt, läßt sich das Geschehen im Aquarium bequem beobachten. Dadurch wird das Aquarium sicher häufiger betrachtet und mögliche Unregelmäßigkeiten im Rochenverhalten werden schneller entdeckt.

Im Zusammenhang mit der Wohnzimmereinrichtung ist auch noch auf die Verwendung von Grünpflanzen hinzuweisen. Diese können neben dem Aquarium aufgestellt, den fantastischen Eindruck einer tropischen Landschaft vermitteln. Zudem können Grünpflanzen, eventuel einfallendes unerwünschtes Sonnenlicht vom Aquarium abfiltern. Sofern das Aquarium über keine Abdeckung verfügt, kann der darüberliegende Raum auch noch zum Anbringen von Pflanzen genutzt werden.

Die Aquariumtechnik

Es gibt eine umfangreiche Aquarientechnik, die für ein Rochenaquarium infrage kommen kann. Auf den ersten Blick scheint die Auswahl im Handel zu verunsichern; und man fragt sich zu Recht, welches nun der geeignete Filter oder die richtige Beleuchtungsart sein könnte. Außerdem bestehen einige sehr unterschiedliche Betrachtungsweisen, was Funktionalität und Nutzen der verschiedenen Gerätschaften betrifft. Da können, je nach Erfahrungen und Vorlieben, sehr unterschiedliche Aussagen von den jeweiligen Fachhändlern erwartet werden. Für den Pfleger ist es aber wichtig, daß beispielsweise die Handhabung der Filtersysteme einfach und zweckmäßig erscheint. Denn nicht jedes Filtersystem wird von jedermann als gleichermaßen wartungsfreundlich empfunden.

Für das Rochenaquarium ist es notwendig, eine leistungsfähige Technik vorzusehen. Besonders die Filtersysteme müssen in der Lage sein, die anfallenden Schmutzstoffe vollständig aus dem Wasser zu entfernen. Trübe Wasserverhältnisse ergeben nicht nur ein unschönes Bild, sondern schaden auch der Gesundheit der Rochen.

Aber auch die Beheizung des Wassers ist ausreichend sicherzustellen. Nachfolgend werden die wichtigsten technischen Hilfsmittel erwähnt, die für ein Rochenaquarium unbedingt erforderlich sind. Diese werden vom System her kurz erwähnt und wenn nötig auch einige Hinweise über Vor- und Nachteile gegeben. Auf Produktennennungen wurde jedoch bewußt verzichtet, um unter der Vielzahl an Anbietern einzelne Marken nicht zu bevorzugen.

Beleuchtung

Für das Wohlbefinden der südamerikanischen Süßwasserstachelrochen nimmt die Art der Beleuchtung eine eher untergeordnete Stellung ein. Trotzdem ist es empfehlenswert, das Rochenaquarium nicht übermäßig auszuleuchten. Die Rochen schätzen es durchaus, im Aquarium „dunklere" Bereiche vorzufinden. In der Natur können sie sich ja auch in die lichtärmeren, tieferen Wasserschichten zurückziehen. Dagegen ist für ein zufriedenstellendes Pflanzenwachstum eine gewisse Lichtmenge erforderlich. Und auch, wenn im Vergleich zu anderen Aquarientypen die Bepflanzung im Rochenaquarium nicht denselben Stellenwert einnimmt, ist nicht gänzlich auf Aquarienpflanzen zu verzichten. Schließlich haben die Pflanzen einen günstigen Einfluß auf das gesamte Aquariummilieu. Zudem helfen sie mit, die im Aquarium anfallenden Schadstoffe abzubauen, indem sie einen Teil davon als „Nahrung" aufnehmen.

Zur zufriedenstellenden Entfaltung der Wasserpflanzen stehen grundsätzlich zwei unterschiedliche Beleuchtungstypen zur Auswahl. Als erstes wären da die Leuchtstoffröhren zu erwähnen. Die Leuchtstoffröhren erzeugen eine hohe Lichtmenge im Vergleich zum verhältnismäßig niedrigen Stromverbrauch. Zudem sind verschiedene Lichtfarben erhältlich, die auch in Kombination zueinander, sehr unterschiedliche optische Wirkungen hervorrufen. Manche Lichtfarben fördern auch das Wachstum der Pflanzen besonders. Üblicherweise bietet der Handel keine vorfabrizierten Abdeckleuchten für große Aquarien an. Daher wird man wohl gezwungen sein, sich eine Sonderanfertigung anzuschaffen. Gegebenenfalls könnten aber auch mehrere Standardabdeckleuchten für Leuchtstoffröhren miteinander kombiniert werden. Bei der Verwendung von Abdeckleuchten, die direkt auf dem Aquarium aufliegen, ist aber ebenfalls eine schützende Glasscheibe zwischen dem Wasserspiegel und den Lampen anzubringen. Dies vor allem, um Kontakte der Rochen mit den „heißen" Lampen zu vermeiden, da es doch häufiger vorkommt, daß sich die Rochen beim Herumschwimmen nahe der Wasseroberfläche aufhalten und dabei manchmal auch aus dem Wasser herauskommen. Als Alternative zu den Abdeckleuchten könnten daher auch die Leuchtstoffröhren in freihängenden Beleuchtungskörpern untergebracht werden. Diese sind dann etwa 50 cm über dem Aquarium anzubringen.

HQI-Quecksilberdampflampen als Beleuchtung. Foto: bede-Verlag

Als zweite Möglichkeit kämen auch die HQL-Quecksilberleuchten oder die HQI-Quecksilberdampflampen für die Beleuchtung eines Rochenaquariums infrage. Diese Hängelampen gelangen üblicherweise zur Ausleuchtung offener Aquarien in Einsatz. Sie erzielen mit den

Ein Süßwasser-Abschäumer kann für saubere Wasserverhältnisse sorgen.

Leuchtstoffröhren vergleichbar gute Resultate für das Pflanzenwachstum. Hinzu kommt, daß sie auch bei sehr hohem Wasserstand, die nahe des Bodengrunds wachsenden Pflanzen noch ausreichend mit Licht versorgen.

Für eine regelmäßige Beleuchtungsdauer wird die Beleuchtung über eine Zeitschaltuhr gesteuert. Dies garantiert das Einhalten einer bestimmten Beleuchtungsdauer. Als Beleuchtungsdauer empfiehlt es sich, die Lampen rund zehn bis zwölf Stunden pro Tag zu betreiben.

Eine Alternative zu den handelsüblichen Aquarienfiltern sind Filteranlagen, die für Teichanlagen konzipiert wurden. Sie können bei sehr geräumigen Rochenaquarien gute Dienste leisten. Fotos: Hans Gonella

Wasserfilterung

Eine ausreichende Wasserfilterung ist eine der elementarsten Voraussetzungen für die erfolgreiche Rochenpflege. Die meisten Probleme bei der Rochenpflege entstehen durch belastetes Aquarienwasser, wenn die anfallenden Schadstoffe und Schwebstoffe nicht ausreichend entfernt werden.

Der Aquarienfilter hat verschiedene Funktionen zu erfüllen. Er wird für eine Wasserumwälzung im Aquarium sorgen. Gleichzeitig soll das vom Heizer erwärmte Wasser gleichmäßig im Aquarium verteilt werden. In der Hauptsache muß aber der Filter auf mechanischem Wege die im Aquarienwasser vorhandenen Schwebstoffe entfernen. Weiterhin bauen die auf dem Filtermaterial lebenden, wasserreinigenden Bakterien einen Teil der Schadstoffe ab. Diese entstehen in erster Linie aus den Ausscheidungen der Fische und Futterresten und müssen reduziert werden.

Das Wasservolumen eines Rochenaquariums verlangt nach einem leistungsfähigen Filter. Hierfür werden im Handel verschiedene Filtersysteme angeboten. Grundsätzlich lassen sich diese in Außen- und Innenfilter unterteilen. Beide Filtertypen besitzen ihre Vor- und Nachteile. Was die Leistungsfähigkeit anbelangt, können die meisten Filtertypen miteinander konkurrieren. Dagegen fällt die Montage und der Reinigungsvorgang bei den Filtern sehr unterschiedlich aus. Es lohnt sich also vor dem Kauf die einzelnen Systeme genau zu prüfen.

Die Außenfilter werden, wie der Name schon besagt, außerhalb des Aquariums plaziert. Der Wasserzufluß und der Auslauf werden über Schläuche gewährleistet. Sie münden ins Aquarium und müssen gut befestigt werden. Außenfilter besitzen den Vorteil, daß sie im Aquarium keinen Raum beanspruchen. Üblicherweise erfolgt eine Montage der Außenfilter unterhalb des Aquariums. Sie können aber auch neben dem Aquarium Platz finden.

Die Innenfilter montiert man in eine der hinteren Aquariumecken. Um das Aufreiben der Innenfilter zu verhindern, sind sie mit Silikon im Aquarium festzukleben. Für die Reinigung besitzen sie den Vorteil, von oben direkt zugänglich zu sein.

Bei sehr großen Aquarien wäre es auch denkbar, mehrere Filtersysteme miteinander zu kombinieren. Beispielsweise könnte ein Außenfilter wie ein Topffilter mit einem Innenfilter für ausreichend saubere Wasserverhältnisse sorgen. Weiterhin könnte auch ein sogenannter Rieselfilter mit einem der beiden eben erwähnten Filtersysteme zum Einsatz gelangen. Die Rieselfilter werden in der Regel unterhalb des Aquariums aufgebaut. Indem stets kleine Wassermengen über das Filtermaterial rieseln, und so zugleich genügend Sauerstoff vorhanden ist, erhöht sich die „Reinigungskraft" der Bakterien, die sich auf dem Filtermatieral ansiedeln.

Manche Filtersysteme verfügen über einen integrierten Heizer. Solche Thermofilter haben den Vorteil, daß der Heizer den optischen Eindruck eines Aquariums nicht beeinträchtigt. Zudem könnten die kräftigen Rochen, die im Aquarium befindlichen Heizstäbe beschädigen oder sich möglicherweise an ihnen verletzen.

Bei der Montage der Filter ist auf das Rochenverhalten Rücksicht zu nehmen. Hin und wieder neigen die Rochen dazu, den Bodengrund umzuschichten. Sie türmen große Sandhaufen auf. In der Folge können die Filterausläufe oder Einläufe durch den Sand verstopft werden. Bleibt dies nur kurze Zeit unbemerkt, nehmen die Filter Schaden und durch die ausbleibende Filterung verschlechtert sich schnell die Wasserqualität, was wiederum von den Rochen sehr schlecht vertragen wird. Es ist deshalb notwendig, die Ein- und Ausläufe so anzubringen, daß sie nicht verstopfen können. Die Schläuche von Außenfiltern müssen deshalb genügend hoch angebracht werden. Bei den Innenfiltern können dagegen geschickt angeordnete Steinaufbauten schlimmeres verhindern. Schläuche oder Steinaufbauten im Aquarium sind so zu befestigen, daß sie von den Rochen nicht verschoben werden können. Gegebenenfalls sind sie mit Silikon oder anderen geeigneten Befestigungsarten fest an die Glasscheibe zu kleben.

Eine vermutlich noch unbeschriebene Rochenart, Potamotrygon *sp., im Quarantäneaquarium, beim Importeur Aquarium Glaser. Foto: Hans Gonella*

Beheizen des Aquariums

Die Süßwasserstachelrochen leben in tropischen Regionen. Für ihr Wohlbefinden, aber auch für die Gesundhaltung benötigen sie entsprechende Wassertemperaturen. Eine Beheizung des Aquariumwassers ist deshalb unerläßlich. Ohne die artgemäßen Wassertemperaturen würden die gesamten lebenerhaltenden Funktionen des Organismus der Rochen beeinträchtigt werden. Als Folge würden die Rochen krankheitsanfälliger oder würden sogar früher oder später sterben.

Der optimale Temperaturbereich für südamerikanische Süßwasserstachelrochen liegt zwischen 24 bis 27 °C. Während der Nacht darf die Temperatur um ein bis zwei Grad absinken, ansonsten ist aber eine einmal ausgewählte Temperatur möglichst konstant beizubehalten.

Wie im vorangegangenen Abschnitt erwähnt, kommen für eine Beheizung Thermofilter infrage. Selbstverständlich läßt sich das Aquarienwasser aber auch mit einem im Aquarium eingebrachten Stabheizer beheizen. Bei der Montage des Stabheizers ist darauf zu achten, daß dieser nahe des Filterauslaufs angebracht wird. Dies garantiert eine gleichmäßige Verteilung des erwärmten Wassers im Aquarium. Auch beim Standort des Heizers ist, wie beim Filtereinlauf, eine mögliche Beschädigung durch aufgeschütteten Sand zu vermeiden, indem der Heizer möglichst hoch über dem Bodengrund montiert wird. Sonst könnte sich ein zugeschütteter Heizer überhitzen und kaputtgehen.

Aufbau und Unterhalt eines Rochenaquariums

Einmal von seiner Größe abgesehen, unterscheidet sich ein Rochenaquarium auf den ersten Blick kaum von anderen Heimaquarien. Doch schon das Vorgehen beim Aufbau und Einrichten des Aquariums stellt höhere Anforderungen an die Planung und Durchführung, als dies sonst bei Heimaquarien üblich ist. Schwierigkeiten können schon während des Transports auftreten, wenn nicht schon vorher entsprechende Abklärungen durchgeführt werden. Das Gewicht des Aquariums erfordert entsprechende Transportmittel. Und durch die Größe des Aquariums ist schon bei der Planungsphase abzuklären, ob das Aquarium via Treppenhaus durch die Eingangstür in den vorgesehenen Wohnraum transportiert werden kann. Zur Aufstellung des Aquariums sollte auch schon der günstigste Standort innerhalb des Wohnraums bekannt sein. Spätere Veränderungen können infolge des hohen Gewicht des Aquariums von Einzelpersonen wohl kaum mehr durchgeführt werden. Bei der Auswahl des Standorts ist deshalb nicht nur auf den Einfallswinkel des Sonnenlichts zu achten, sondern auch die Nähe einer Steckdose zu berücksichtigen, damit im Nachhinein nicht noch auf die Schnelle eine Stromzufuhr realisiert werden muß. Ebenso sollte in erreichbarer Nähe des Aquariums ein Wasseranschluß vorhanden sein, um die später fol-

Auf diesen beiden Aufnahmen, ist ein und derselbe Rochen abgebildet. Es handelt sich um die Art P. orbignyi *oder* P. reticulatus. *Die Farbveränderungen können auf die Stimmung aber auch auf die Lichtverhältnisse im Aquarium zurückgeführt werden. Fotos: Hans Gonella*

genden Wasserwechsel ohne große Umstände durchführen zu können. Dasselbe gilt für einen Wasserabfluß. In der Regel wird das Aquarienwasser beim Teilwasserwechsel in eine Toilette oder einen anderen tieferliegenden Abfluß geleitet. Aus diesem Bereich wird meist auch das Frischwasser fürs Aquarium entnommen. Damit mit einem Schlauch der Teilwasserwechsel noch vernünftig durchgeführt werden kann, sollte die Distanz zwischen Aquarium und Wasserbezugsort nicht mehr als 20 m betragen. Längere Distanzen verlangen dann schon nach zusätzlichen Gerätschaften, um die Schläuche ohne Mühe handhaben zu können.

Der Aquarienkauf sowie die Auswahl der benötigten technischen Hilfsmittel und der Einrichtungsgegenstände verlangt eine sorgfältige Planung. Ein überstürztes Handeln endet oft mit zeitaufwendigen Korrekturen. So sollte man sich neben der Art und Weise, wie das Aquarium eingerichtet werden soll, auch überlegen, wie sich die später folgenden Pflegemaßnahmen rationell durchführen lassen. Hierfür ist auch ein ungehinderter Zugang zum Aquarium zu berücksichtigen. Nicht daß bei jedem Teilwasserwechsel und der Reinigung des Aquariums das große Möbelrücken die Freude an der Sache beeinträchtigt.

Das Einrichten

Die Aquarieneinrichtung hat sich in erster Linie an die Bedürfnisse der Rochen anzupassen. Hierfür wird zuerst einmal eine Menge Sand, Steine und Aquariumwurzeln benötigt. Das Aufstellen des Aquariums und das Einrichten können gut und gerne einen ganzen Tag beanspruchen – wenn nicht länger. Dies aber auch nur, wenn man sich vorher etappenweise gut vorbereitet. So sollten die Moorkienholzwurzeln schon etwa eine Woche vor dem Einrichtungstermin gut gewässert werden. Damit verlieren sie einen Großteil ihrer wassertrübenden Inhaltsstoffe, die sonst das Aquariumwasser innerhalb kürzester Zeit in eine düstere Unterwasserlandschaft verwandeln würden. Zuvor ist auch der Bodengrund auszuwaschen, um feinste Schwebstoffanteile darin zu entfernen. Diese würden ebenfalls das Aquarienwasser stark eintrüben. Je nach Bodengrund beziehungsweise Sandart, die ausgewählt wurde, ist diese mehr oder weniger intensiv zu reinigen. Schon eine oberflächliche Reinigung des Sands kann aber mehrere Stunden dauern, so daß dieser bereits mindestens einen Tag vor dem Einrichten bereit stehen sollte.

Die Materialbeschaffenheit und Anordnung der Einrichtung hat in erster Linie den Bedürfnissen der Stachelrochen Rechnung zu tragen. Die Einrichtung des Aquariums darf das Rochenverhalten nicht beeinträchtigen. Das heißt neben den technischen Grundvoraussetzungen trägt vor allem eine artgemäße Einrichtung zum Wohlergehen der Fische bei. Das Vertrauen, das die Rochen in ihre Umgebung finden, wirkt sich dann auch günstig auf die Gesundheit aus. Eine artgemäße Einrichtung beinhaltet: ausreichend Schwimmraum, weniger gut ausgeleuchtete Bereiche im Aquarium und natürlich ein sandiger Bodengrund. Letzterer hat den Rochen weitgehend die Möglichkeit zu bieten, sich ungehindert eingraben zu können. Deshalb sind Dekorationsgegenstände und Pflanzen lediglich im hinteren oder seitlichen Bereich des Aquariums aufzustellen.

Das Einrichten des Aquariums hängt weitgehend von den gestalterischen Vorstellungen des Pflegers ab. Sofern eine Rückwand eingebaut wird, hat zuerst deren Montage zu erfolgen. Anschließend wird der gewaschene Bodengrund eingebracht. Größere Einrichtungsgegenstände wie Steine oder Wurzeln müssen gut auf dem Aquariumboden aufliegen, sonst könnte der Sand unter ihnen wegrutschen und sie zum umkippen bringen. Nun kann das Aquarium zu einem Drittel mit Wasser gefüllt werden, was das darauffolgende Einsetzen der Pflanzen erleichtert. Sofern noch nicht erfolgt, können als nächstes die technischen Hilfsmittel, wie Filter und Heizung montiert werden – ohne sie aber an den Strom anzuschließen. Jetzt sind die verbleibenden zwei Drittel des Aquariums mit Wasser aufzufüllen. An und für sich ist nun das Einrichten des Aquariums abgeschlossen. Bevor aber die technischen Hilfsmittel in Betrieb genommen werden, gilt es noch mit einem trockenen Lappen alle Wasserspritzer rund ums Aquarium abzuwischen. Insbesondere die stromführenden Teile dürfen nicht im feuchten Zustand angeschlossen werden, was für den Pfleger fatale Folgen haben könnte. Gleich nach dem Anschluß der technischen Hilfsmittel ans Stromnetz, ist eine Schlußkontrolle durchzuführen. Die gibt Aufschluß darüber, ob das Aquarium dicht ist und die technischen Geräte einwandfrei funktionieren.

Vorerst ist aber noch während rund zwei Wochen auf das Einbringen der Rochen zu verzichten. In dieser Zeit soll sich sozusagen ein „Gleichgewichtszustand" des Aquarienmilieus einstellen. Dies heißt nichts anderes, als daß die Bakterien im Filter ihre „biologische Tätigkeit" aufnehmen müssen, damit sie ihre „Reinigungskraft" beim späteren Einbringen der Rochen so richtig entwickeln. Hierfür kann das Filtermaterial mit ein wenig Mulm aus einem bereits voll betriebsfähigen Filter geimpft werden. Den Mulm oder die Bakterienkulturen für das Impfen des Filters erhält man vom Zoofachhändler. Aber auch, wenn auf ein Impfen des Filters verzichtet wird, werden sich die Bakterien wie von selbst einstellen. Nachdem das Aquarienmilieu sich einigermaßen stabilisiert hat, dürfen die Rochen vom neuen Lebensraum Besitz ergreifen. Hierfür wird der Transportbehälter mit dem Rochen erst einmal für rund 30 Minuten verschlossen ins Aquarium eingetaucht. Währenddessen können sich die Temperaturen beider Wasserkörper einander angleichen. Ist dies geschehen, ist der Rochen vorsichtig umzusetzen. Dazu muß der Transportbehälter behutsam gekippt werden, damit der Rochen von selbst ins Aquarium schwimmen kann. Auf dieselbe Weise verfährt man mit weiteren Rochen. Auf ein Umsetzen mit einem Netz ist zu verzichten, zu leicht könnte sich der Stachel des Rochens darin verfangen. Einerseits würde das Tier in unnötige Panik versetzt, andererseits müßte das Netz vom Pfleger zerschnitten werden, was wiederum ein Gefahrenpotential darstellen würde, mit dem Rochenstachel in Kontakt zu geraten.

In den ersten Pflegewochen sind die Rochen noch sehr genau zu beobachten. Obwohl sich

Die Rochen müssen sich bei Bedarf eingraben können, nur so fühlen sie sich im Aquarium wohl. Dies ist jedoch nur bei einem sandigen Bodengrund möglich. Bei zu grobem Material wird den Rochen das Eingraben erschwert. Foto: Yvette Tavernier

Potamotrygon reticulatus. *Zu grober Kies erschwert das Eingraben. Foto: Yvette Tavernier*

die Fische zu Beginn noch scheu verhalten, werden sie schon bald neugierig ihre neue Umgebung erkunden. Ebenso sollten sie die Nahrungsaufnahme nicht länger als einige Tage verweigern. Es ist auch nicht nötig, die Rochen schon am ersten Tag in ihrem neuen Aquarium zu füttern. Besser ist es, ihnen am zweiten Tag etwas Freßbares anzubieten. Die spärlichen Futtergaben sind dann über die nachfolgenden Tage langsam zu erhöhen.

Bodengrund

Der Bodengrund nimmt im Rochenaquarium eine zentrale Stellung ein. Kein anderes Einrichtungselement ist für die Rochen so bedeutungsvoll. Ohne die Möglichkeit, sich im sandigen Bodengrund eingraben zu können, würde den Rochen ein wichtiges Verhaltensmuster entzogen.

Damit sich die Rochen mühelos eingraben können, darf der Korndurchmesser nicht zu groß sein. Schon feinkörniger Kies ist für das Rochenaquarium ungeeignet. Bei grobem Kies ist es den Rochen sogar unmöglich, sich einzugraben. Der ideale Korndurchmesser des Bodengrunds liegt zwischen 0,5 bis 1 mm. Sand, der eine weit feinere, staubartige Körnung aufweist, ist ebenfalls nicht zu empfehlen. Zu feiner Sand könnte in Augen und Kiemen gelangen und das Wohlbefinden der Rochen beeinträchtigen. Zudem ist auf die Beschaffenheit des Sands zu achten. Sogenannter „Meersand“, der für Meerwasseraquarien verwendet wird, darf nicht in das Rochenaquarium gelangen. Dieser sehr kalkhaltige Sand setzt größere Mengen an Härtebildnern frei. In der Folge steigt die Wasserhärte im Aquarium, was den aus Weichwassergebieten stammenden Rochen schadet. Deshalb können nur entsprechende kalkfreie Materialien zum Einsatz gelangen. Im Fachhandel sind verschiedenfarbige Sandsorten erhältlich, die diesem Anspruch gerecht werden. Sollten keine geeigneten Sandsorten im Sortiment vorliegen, kann man auch den handelsüblichen, feinen Quarzsand von 0,4 bis 0,8 mm Korndurchmesser verwenden. Gleichzeitig darf der Bodengrund auch nicht zu dünnschichtig eingebracht werden. Eine Schichtstärke von mindestens 10 bis 20 cm sollte ausreichen, damit sich die Rochen vollends eingraben können.

Der Sandboden ermöglicht es den Rochen, einen wichtigen Teil ihres Verhaltensrepertoirs ausleben zu können. Der Sand dient vor allem zur Tarnung. Eingegraben sind die Rochen in der Natur vor ihren Freßfeinden gut geschützt. Mit der Möglichkeit, sich ausreichend zu tarnen, erhalten die südamerikanischen Süßwasserstachelrochen auch im Aquarium gute Lebensbedingungen. Fehlt den Rochen das „Sicherheitsgefühl" in ihrer Umgebung, indem zuwenig oder gar kein Sand vorhanden ist, kann dies Streß hervorrufen. Und Streßerscheinungen sind ja bekanntlich eine der Hauptgründe, die gerade bei Fischen, Krankheiten hervorrufen können. Wird den Rochen über längere Zeit ein geeigneter Bodengrund vorenthalten, kann dies die Lebenserwartung erheblich verkürzen.

Einrichtungsgegenstände

Sofern Einrichtungsgegenstände die Wasserqualität nicht beeinträchtigen und sich nicht störend auf die Entfaltung des Rochenverhaltens auswirken, können alle aus der Aquaristik bekannten Elemente zur Gestaltung des künstlichen Lebensraums infrage kommen. Schließlich ist die Aquarieneinrichtung letztendlich eine Geschmackssache, die jedem Pfleger selbst überlassen ist. Dennoch sollte die Einrichtung der jeweiligen Aquariengröße angepaßt sein, um die Bewegungsfreiheit der Rochen nicht einzuschränken.

Sämtliche „kalk- und metallfreie" Gesteinsarten stellen ein hübsch anzusehendes Gestaltungselement dar. Besonders bunte Steine können einem Aquarium ein außergewöhnliches Erscheinungsbild verleihen. Am häufigsten werden hierfür Gesteinssorten wie Quarz, Granit oder Gneis sowie Porphyr verwendet. Allerdings dürfen keine Bruchstücke mit scharfen Kanten Verwendung finden. Sie könnten den zeitweise ungestüm umherschwimmenden Rochen erhebliche Verletzungen beibringen, die dann wiederum eine hervorragende Angriffsfläche für Infektionskrankheiten bilden würden. Ein ähnliches Risiko stellen große Steine dar, die zu hohen „Türmen" aufgeschichtet werden. Um ihnen die gewünschte

*Hin und wieder vergreifen sich die Rochen auch an den Aquarienpflanzen. Besonders Amazonasschwertpflanzen (*Echinodorus*-Arten) scheinen ihnen zu schmecken. Foto: Hans Gonella*

Stabilität zu verleihen, sind sie gegebenenfalls mit Silikon zu verkleben, was jedoch schon mindestens eine Woche vor dem Einrichten vorzunehmen ist. Somit hat der Silikon ausreichend Zeit, vollständig abbinden zu können. Zu Dekorationszwecken sind sogenannte Aquarienwurzeln besonders geeignet. Dabei ist den Moorkienwurzeln der Vorrang zu geben. Sie haben sich für aquaristische Zwecke bestens bewährt. Gerade wenn mit den Rochen noch größere Welsarten in einem Aquarium gepflegt werden, sollte nicht auf die Wurzeln verzichtet werden. Sie dienen den Welsen als Versteck und teilweise auch als Nahrungsbestandteil, indem sie fortlaufend an ihnen herumraspeln.

Immer häufiger werden auch künstlich hergestellte Dekorationen zum Einrichten von Aquarien verwendet. Sie haben für die Rochen keine Bedeutung, sehen aber hübsch aus und erfüllen daher eher eine optische Funktion. Neben Keramikelementen werden eine Fülle von „Kunststoffdekorationen" im Fachhandel angeboten. Manche solcher Elemente sind naturnah ausgearbeitet und bemalt. Insbesondere Rückwände aus künstlichen Materialien haben einen gewissen gestalterischen Aspekt, der nicht von der Hand zu weisen ist. Weil die Aquarieneinrichtung für Rochen ohnehin dürftig ausfallen muß, damit auch ausreichend offener Raum zur Verfügung steht, können Rückwände das Erscheinungsbild eines Aquariums maßgeblich verbessern. Schließlich soll das Aquarium ja auch das Wohnzimmer verschönern. Mit entsprechenden Rückwänden kann zum Beispiel sehr gekonnt eine Uferregion imitiert werden.

Pflanzen fürs Rochenaquarium

Die Bepflanzung eines Rochenaquariums unterscheidet sich vom Vorgehen, wie üblicherweise Heimaquarien mit Pflanzen bestückt werden. Auch beschränkt sich die Auswahl der Pflanzen und deren Anordnung auf die besonderen Verhältnisse im Rochenaquarium. Zum einen sind dies Pflanzen die einen niedrigen pH-Wert tolerieren, zum anderen kommen nur robuste Pflanzen infrage. Aber auch bei den eher zähblättrigen Pflanzenarten ist nie ganz auszuschließen, daß sich nicht hin und wieder ein Rochen daran vergreift und eine Pflanze bis auf die Wurzeln abfrißt. Trotzdem sollte nicht auf Pflanzen im Rochenaquarium verzichtet werden. Die Pflanzen wirken sich sehr günstig auf das Aquariummilieu aus. Zudem stellen sie ein beinahe unverzichtbares Gestaltungselement im Aquarium dar. So ergänzen sich Moorkienwurzeln und das satte Grün der Pflanzen auf attraktive Weise. Erst durch die Pflanzen erhält ein Aquarium die Ausstrahlung eines südamerikanischen Biotops. Gerade deswegen wird mancher Pfleger versuchen, sein Aquarium möglichst naturgetreu einzurichten. Dies ist allerdings nicht unbedingt ein erstrebenswertes Ziel. Weitaus günstiger ist es jenen Pflanzenarten den Vorrang zu geben, die sich im Rochenaquarium gut entwickeln können.

Tip: Vor dem Kauf von Pflanzen lohnt es sich zuerst einmal Überlegungen anzustellen, wie das Aquarium in Kombination mit anderen Einrichtungsgegenständen am sinnvollsten bepflanzt werden kann.

Für die Planung der Bepflanzung behilft man sich zum Beispiel mit einer kleinen Skizze. Darin werden die Einrichtungsgegenstände, die Pflanzenarten und ihre Anordnung festgehalten. Gleichzeitig ist auch zu überlegen, wie die Anordnung der Pflanzen vor den im Sand „wühlenden" Rochen am wenigsten beeinträchtigt wird. Zugegebenermaßen ist dies auch das Problem, das sich beim Bepflanzen eines Rochenaquariums ergibt. Denn nicht selten scheinen die Rochen gerade jenen Aquariumteil besonders eifrig nach Nahrung zu durchsuchen, in dem sich auch die Pflanzengruppen befinden. In der Folge schwimmen dann die freigelegten Pflanzen schnell einmal an der Wasseroberfläche. Um die Pflanzen vor dem Ausgraben zu schützen können sie beispielsweise im hinteren Teil des Aquariums, in eigens angelegten Terrassen eingesetzt werden. Die Terrassen können rund 15 bis 20 cm tief und ebenso hoch sein. Dies reicht schon aus, um es den Rochen zu verbieten in dieser Zone den Sand umzuschichten. Für den Bau der Terrassen können große Steine oder vorgefertigte Terrassenelemente aus Keramik Verwendung finden. Besonders letztere müssen aber am Aquariumboden mit Silikon befestigt sein, damit sie von den Rochen nicht beiseite geschoben werden können. Eine weitere Möglichkeit ist es, die Pflanzen in mit Kies gefüllte Töpfe zu setzen und diese mit großen Steinen im Bodengrund zu verankern. Normalerweise ignorieren die Rochen solche Hindernisse. Und wenn die Pflanzen den Rochen doch einmal im Wege stehen würden, wird zumindest nur der Topf verschoben, ohne daß die Pflanzen ausgerissen werden. Eine interessante Bepflanzungsmöglichkeit besteht auch darin, geeignete Pflanzenarten direkt auf die Moorkienwurzeln aufzubinden. Dafür kommen Speerblätter wie zum Beispiel *Anubias barteri* infrage. Ebenso gedeiht auch das Javafarn, *Microsorum pteropus*, hervorragend auf Moorkienwurzeln aufgebunden. Später wird das Javafarn mit dem eigenen Wurzelwerk genügend Halt auf den Wurzeln finden, so daß eine Befestigung hinfällig wird. Deshalb können die Pflanzen mit einem Baumwollfaden auf den Wurzeln festgebunden werden. Dieser verrottet mit der Zeit und wirkt sich nicht mehr störend aus. Bewährt haben sich auch die Amazonasschwertpflanzen. Sie werden im hinteren Drittel des Aquariums eingepflanzt. Mit den Amazonasschwertpflanzen und großen Steinen lassen sich auch Raumstrukturen im Rochenaquarium bilden. Einerseits sieht dies hübsch aus und andererseits entstehen mehrere Zonen im Aquarium, die durch einen Sichtschutz getrennt sind. Somit können sich die Rochen in eigenen Zonen aufhalten, ohne offensichtlich miteinander in Kontakt treten zu müssen. Allerdings lassen sich solche Raumstrukturen nur bei sehr großflächigen Aquarien realisieren. Ebenfalls als Hintergrundbepflanzung eignen sich der Riesenwasserfreund, *Hygrophila corymbosa*, oder die Riesensumpfschraube,

Die südamerikanischen Süßwasserstachelrochen benötigen weiches Aquariumwasser, dessen Werte denjenigen ihrer natürlichen Vorkommensgebiete entsprechen. Abgebildet ist hier die Art P. orbignyi *beziehungsweise* P. reticulatus. *Foto: Hans Gonella*

Vallisneria americana. Nebst weiteren Sumpf- und Wasserpflanzen seien noch die Schwimmpflanzen erwähnt. Sie kommen in großen, offenen Rochenaquarien besonders gut zur Geltung. Darüberhinaus bilden sich unter dem Schatten der Schwimmpflanzen gerade jene Dunkelzonen im Aquarium, die von den Rochen geschätzt werden. Zu den empfehlenswerten Schwimmpflanzen zählen die Muschelblume, *Pistia stratiotes*, und die Dickstielige Wasserhyazinthe, *Eichhornia crassipes*. Bei einer dichten, aber nicht ganzflächigen Schwimmpflanzenanordnung lassen sich zudem auch hervorragend verschiedene kleinere Oberflächenfische, wie zum Beispiel Beilbauchfische mit den Rochen vergesellschaften. Sie kommen mit den Rochen kaum in Kontakt, so daß keine Probleme entstehen. Es ist allerdings zu berücksichtigen, daß die meisten Oberflächenfische hervorragend über die Wasseroberfläche hinausspringen können. Deswegen muß der Aquariumrand möglichst hoch zur Wasseroberfläche hin liegen.

Das Aquarienwasser

Das Aquarienwasser nimmt einen sehr direkten Einfluß auf die darin lebenden Rochen. Die meisten Haltungsfehler basieren wohl auf unzureichenden Wasserqualitäten, die den Fischen zugemutet werden. Deshalb erscheint es sinnvoll, zumindest einige erwähnenswerte Fakten über das Wasser zu erwähnen. Nicht zuletzt soll damit auch der Pfleger sensibilisiert werden, sich vermehrt mit dem wichtigen Thema Aquarienwasser auseinander zu setzen.

„Reines" Wasser ist eine klare, geschmacks- sowie geruchslose Flüssigkeit. Es besteht aus zwei Teilen Wasserstoff und einem Teil Sauerstoff: H_2O. Dadurch, daß das Wasser auch ein hervorragendes Lösungsmittel ist, finden sich unzählige gelöste Stoffe darin. Weil nun die Fische und natürlich auch die südamerikanischen Süßwasserstachelrochen in unmittelbarem Kontakt mit dem Wasser stehen, haben sich die jeweiligen Fischarten im Laufe ihrer Entwicklungsgeschichte bestmöglich an die unterschiedlichsten Wasserqualitäten angepaßt. Bleibt den Fischen der Zugang zu einer artgemäßen Wasserqualität über eine bestimmte Zeit verwehrt, so werden früher oder später Schäden auftreten. Wasser ist also nicht nur ein Element, in dem sich die Rochen fortbewegen können, sondern es steht auch in direktem Zusammenhang mit allen anderen lebenserhaltenden Faktoren des Aquariums.

Unkritisch betrachtet, könnte man sagen, daß man es mit dem Element Wasser mit einem fantastischen, selbst funktionierenden „chemischen Labor" zu tun hat. Auf natürliche Weise stehen die Wasserinhaltsstoffe in eigenartig anmutender Verbindung zueinander. Im Wasser finden sich nicht nur Millionen der unterschiedlichsten Wasserinhaltsstoffe, sondern diese verbinden sich auch zu neuen Formen. Wieder andere Stoffe zerfallen im Wasser. So gesehen könnte man sich zurecht die Frage stellen, welchen Einfluß nun die Vielfalt der möglichen Wasserinhaltsstoffe auf die Rochen nehmen können. Doch gerade diese Frage kann nicht beantwortet werden. Dies hat aber auch keine ausschlaggebende Bedeutung für die Pflege von Fischen. Sie haben sich nämlich auch an die in der Natur stetig veränderten Lebensumstände bestens angepaßt. Deswegen vertragen viele Fischarten, und bis zu einem gewissen Grad auch die südamerikanischen Süßwasserstachelrochen, erstaunliche Schwankungen bezüglich der Wasserqualität. Anders stellt sich dies dar, wenn sich die Wasserwerte erheblich von den natürlichen Gegebenheiten der Ursprungsorte unterscheiden oder von einzelnen, fischschädigenden Substanzen Überschüsse bestehen, die die Rochen schädigen.

Die im Wasser vorkommenden gelösten Stoffe können in drei Gruppen aufgeteilt werden. Die Gruppe der Salze, die anorganischen Stoffe, sind im allgemeinen Sprachgebrauch auch unter der Bezeichnung Mineralien bekannt. Sie bestehen in ihrer gelösten Form aus zwei Bestandteilen. Dies deshalb, weil sobald ein Salz ins Wasser gelangt, sich quasi ein Wassermolekül dazwischen drängt und dieses in ein positiv geladenes Ion (Kation) und ein negativ geladenes Ion (Anion) aufteilt. Es sind dann auch die Kationen und Anionen, die im Wasser nachgewiesen werden können, ohne daß nachvollzogen werden kann, aus welchen Salzen sie ursprünglich entstanden sind. Organische Stoffe, die im Wasser ebenfalls vorkommen, werden gerade in einem Aquarium in größerer Menge freigesetzt. Sie setzen sich aus den Überresten des Futters, den Ausscheidungen der Fische und abgestorbenen Pflanzenteilen zusammen. Die letzte Gruppe der Wasserinhaltsstoffe bilden die Gase. In der Aquaristik haben der Sauerstoff, der Stickstoff und das Kohlendioxid eine Bedeutung. Zwischen den Gasen der Atmosphäre und dem Wasserkörper des Aquariums besteht zwar ein dauernder Austauschprozeß. Das heißt, der Gasgehalt in der Luft und im Wasser stehen in einem Gleichgewichtszustand, der von der Wassertemperatur und dem jeweiligen atmosphärischen Druck abhängig ist. Dies soll aber nicht darüber hinwegtäuschen, daß der physikalische Austauschprozeß in der Lage sein könnte, den Gashaushalt eines Aquariums zu regulieren. Das Gegenteil ist der Fall. In der Regel nehmen die Rochen mehr Sauerstoff aus dem Wasser auf, als über eine unbewegte Wasseroberfläche ausgetauscht werden kann. Deswegen wird der Filterauslauf so montiert, damit die erzeugte Strömung die Wasseroberfläche bewegt, was zu einem besseren Gasaustausch führt.

Die Wasserwerte, welche für die Pflege von südamerikanischen Süßwasserstachelrochen infrage kommen, dürfen in einem bestimmten Bereich liegen. Gleichzeitig ist aber auch zu bedenken, daß die Rochen aus Gewässern stammen, die sehr weiches Wasser mit sich führen, so daß die nachfolgenden Empfehlungen einzuhalten sind. Nach den heutigen Erkenntnissen lassen sich die meisten heute bekannten Süßwasserstachelrochen bei einer Härte von 4 bis 12 °dGH und etwa 4 bis 5 °KH, einer elektrischen Leitfähigkeit unter 800 μ/S sowie einem pH-Wert von 5,8 bis 7,2 erfolgreich pflegen. In diesem Zusammenhang ist auch noch die Wassertemperatur zu erwähnen, sie sollte zwischen 24 und 27 °C betragen.

Wasserhärte

Die Wasserhärte ist von jenen Gesteinsschichten abhängig, die das Wasser passiert hat. Je nach Beschaffenheiten der Bodenschichten sind mehr oder weniger der sogenannten Härtebildner vorhanden. Kalkhaltige Böden härten die Wasservorkommen auf, während beispielsweise in Regionen mit Granitgestein meist sehr weiches Wasser zu finden ist. Je nachdem, welches Wasser von den Wasserwerken verteilt wird, fließt daher sehr unterschiedlich beschaffenes Trinkwasser aus dem Wasserhahn.

Die Mengen an Erdalkali-Ionen ergeben die jeweilige Wasserhärte. Wobei man hauptsäch-

lich zwischen Magnesium- und Calciumionen unterscheidet. Die Wasserhärte wird dabei in zwei Gruppen aufgeteilt. Die eine ist die temporäre Härte, die andere wird permanente Härte genannt. Beide zusammen ergeben die Gesamthärte, die in °dGH angegeben wird. Die temporäre Härte besteht aus Calciumsalzen, die beim Kochen als Calciumcarbonat ausfallen. Sie sind als Karbonathärte, in °KH meßbar. Zusammen mit der Kohlensäure im Wasser und der Karbonathärte wird auch der pH-Wert beeinflußt. Die permanente Härte bleibt hingegen beim Kochen stabil. Sie besteht aus Salzen der Calcium- und Magnesiumsulfate. Gesamt- und Karbonathärte lassen sich problemlos messen, hierfür bietet der Zoofachhandel verschiedene Sets an. Diese geben auch die Gewähr, daß bei den Wasserwechseln die Wasserqualität nicht durch eine Unachtsamkeit größeren Schwankungen unterliegt, was in erster Linie bei der Wasseraufbereitung von Nutzen ist. Es ist nämlich darauf zu achten, daß einmal gewählte Wasserwerte möglichst stabil gehalten werden. Auf stets ändernde Werte könnten die Rochen ebenfalls empfindlich reagieren.

Bei Trinkwasserwerten, die 10 bis 12 °dGH überschreiten, ist eine Enthärtung des Wassers erforderlich. Wobei die Karbonathärte nicht wesentlich niedriger als 5 °KH sein sollte, da sie sich sonst ungünstig auf die Stabilität des pH-Werts auswirken könnte. Über die Zusammensetzung des Trinkwassers geben die örtlichen Wasserwerke Auskunft. Dort ist auch zu erfahren, ob dem Trinkwasser allenfalls größere Mengen an Desinfektionsmitteln, wie Chlor beigegeben werden. Gegebenenfalls ist dieses mittels Aktivkohle zu beseitigen. Allerdings wird dies erst ab 0,2 mg/l im Wasser beigefügtem Chlor notwendig, da Chlor aus dem warmen Aquariumwasser relativ schnell entweicht.

pH-Wert

Der pH-Wert gibt Aufschluß darüber, ob das Wasser sauer oder basisch (alkalisch) reagiert. Die Abkürzung pH leitet sich aus der lateinischen Bezeichnung „potentia Hydrogenii" ab, was so viel wie Wasserstoffstärke bedeutet. Eine Wertskala von 0 (extrem sauer) bis 14 (extrem basisch) gibt Auskunft über den „Säuregrad" einer Flüssigkeit, wobei ein pH-Wert von 7 das Säure-Basen-Gleichgewicht anzeigt. Gemessen wird der negative dekadische Logarithmus (p), der Wasserstoffionen-Konzentration (H). Dies heißt nichts anderes, als daß eine Skalaeinheit eine zehnfache Veränderung an-

Vermutlich unbeschriebene Rochenart, Potamotrygon *sp.*
Foto: Yvette Tavernier

zeigt, also bei zwei Einheiten bereits eine 100-fache Veränderung der Konzentration eintritt. Deshalb reagieren die meisten Fische auch sehr empfindlich auf plötzlich eintretende größere pH-Wert-Schwankungen.

Wie bereits erwähnt, beeinflußt die Karbonathärte den pH-Wert. Im Allgemeinen trifft es zu, daß je höher die Karbonathärte ist, um so höher auch der pH-Wert ausfällt. Die logische Schlußfolgerung ist deshalb, daß eine möglichst tiefe Karbonathärte anzustreben ist. Doch dies gilt nur bedingt. Bei einer zu geringen Karbonathärte und einem plötzlich ansteigenden Kohlendioxidgehalt im Aquariumwasser, kann es für die Fische zu einem gefährlichen, sogenannten pH-Wert-Sturz kommen. Die Karbonathärte übernimmt deshalb auch eine wichtige Pufferfunktion. Zugegebenermaßen trifft dies aber nur sehr selten zu und ist bei einem gut funktionierendem Aquariummilieu beinahe auszuschließen.

Ammonium-Nitrit-Nitrat

Im Aquarium fällt eine Menge an natürlichen Abfallprodukten an. Futterreste, Fischkot und absterbende Pflanzen setzen Eiweiße frei, die durch eiweißabbauende Bakterien in relativ unbedenkliche Ammoniumionen umgewandelt werden. Gleichzeitig enthält der Fischurin Ammonium. Die Ammoniumionen reagieren auch im Zusammenhang mit dem pH-Wert. Bei einem hohen pH-Wert tritt ein chemischer Prozeß ein, der das Ammonium in giftiges Ammoniak umwandelt. Dieser Vorgang ist im Rochenaquarium jedoch bei stabilen Wasserverhältnissen auszuschließen. Im umgekehrten Sinne verwandelt sich das Ammoniak bei niedrigem pH-Wert wieder zurück in das ungefährlichere Ammonium. Die Ammoniumionen werden ihrerseits erneut durch Bakterien in das hochgiftige Zwischenprodukt Nitrit umgewandelt. Zugleich erfolgt eine durch andere Bakterien durchgeführte Weiterverarbeitung des Nitrits in das „ungefährlichere“ Nitrat. Dieses kann sich aber bei akutem Sauerstoffmangel auf chemischem Wege wiederum teilweise zu Nitrit zurückverwandeln.

Achtung: Einen Teil des anfallenden Nitrats benötigen die Pflanzen für ihr Wachstum. Die weit größeren Mengen an Abbauprodukten, wie Nitrit und Nitrat, sind jedoch mit den regelmäßig durchzuführenden Teilwasserwechseln aus dem Aquarium zu entfernen.

Viele Süßwasserfische verkraften erstaunlich hohe Nitratwerte, 80 mg/l Nitrat sind dabei noch kein Problem. Bei den südamerikanischen Süßwasserstachelrochen scheint dies

jedoch ganz anders zu sein. Aufgrund verschiedener Beobachtungen besteht die Vermutung, daß zu hohe Ammonium-, Nitrit- und Nitratwerte die Rochen stark schädigen. Gerade die manchmal zu beobachtenden Hautschäden bei den Rochen können mit einer schlechten Wassergüte in Verbindung gebracht werden. Wird diesem Umstand nicht sofort entgegengewirkt, dann tritt sogar nicht selten ein schneller Tod ein. Die Nitratwerte dürfen deshalb nicht höher als 5 bis 40 mg/l Wasser betragen – je niedriger, desto besser. Um die Nitratwerte unter Kontrolle zu halten, dienen die Teilwasserwechsel, eine gute biologische Filterung und ein nicht zu übermäßiges Füttern der Rochen.

Potamotrygon motoro *mit sehr dunkler Körperfarbe. Foto: Yvette Tavernier*

Sauerstoff

Ein ausreichender Sauerstoffgehalt im Wasser ist für die Gesunderhaltung der Rochen unumgänglich. Dabei reicht eine Oberflächenbewegung des Wassers durch den Auslauf des Filters, um genügend Sauerstoff ins Aquarium einzutragen.

Probleme mit zu niedrigen Sauerstoffgehalten treten dann auf, wenn unzureichende hygienische Maßnahmen wie Wasserwechsel und Filterreinigung,durchgeführt werden. Ebenso können im Hochsommer zu hohe Wassertemperaturen den Sauerstoffgehalt senken. Vor allem aber können Störungen beim Filtersystem oder bei dessem Ausfall zu akuter Sauerstoffknappheit führen.

Erste Anzeichen für einen Sauerstoffmangel könnten erhöhte Atemfrequenzen sein. Gleichzeitig wäre es möglich, daß die Rochen größere Mengen Sauerstoff in ihrem Darm aufnehmen und dadurch an die Wasseroberfläche aufgetrieben werden. Zumindest wurde dies beobachtet, als ein Filtersystem schon mehrere Stunden ausgefallen war. Nach Reinigung und Wiederinbetriebnahme des Filters normalisierte sich die Lage innerhalb Stundenfrist und nachdem aus der Kloake größere Mengen an Luftblasen ausgetreten waren, gelang es dem Rochen wieder, sich in gewohnter Weise auf dem Bodengrund niederzulassen.

Aufbereitung des Aquarienwassers

Was die Ansprüche der südamerikanischen Süßwasserstachelrochen an die Wasserqualität anbelangt, gehören die faszinierenden Geschöpfe zu den sogenannten Problemfischen. Deswegen muß bei ungeeigneten Trinkwasserwerten bereits einige Erfahrung in der Aufbereitung des Leitungswassers zu einem entsprechenden Aquarienwasser bestehen.

Natürlich ist es am günstigsten, sich nur auf jene Fischarten zu beschränken, die sich im vorhandenen Leitungswasser gut pflegen lassen. Wahrscheinlich wird aber in den wenigsten Fällen ein ausreichend weiches Trinkwasser aus dem Hahn fließen. Darum ist eine Wasseraufbereitung für aquaristische Zwecke unumgänglich. Um die im Trinkwasser gelösten Härtebildner, sprich Salze, in Form von Anionen und Kationen zu entfernen, bietet der Zoofachhandel verschiedene Systeme an. Zum einen sind dies die Teil- oder Vollentsalzungsanlagen. Bei der Vollentsalzung wird das so gewonnene Wasser mit dem Leitungswasser vermischt, bis die gewünschte Härte erreicht ist. Zum anderen bieten Umkehrosmoseanlagen gute Dienste zur Wasserenthärtung an. Welche der Systeme dem Pfleger geeignet erscheinen, sei ihm selbst überlassen. Bestimmt wird aber auch der zu erwartende Unterhaltsaufwand der verschiedenen Systeme den Kaufentscheid beeinflussen. Die Kohlendioxiddüngung ist eine weitere Möglichkeit, durch Senkung der Karbonathärte den pH-Wert zu regulieren. Dieses Verfahren macht vor allem bei dicht bepflanzten Aquarien einen Sinn, da das CO_2 das Pflanzenwachstum unterstützt. Bei einem Rochenaquarium, welches eher „dürftig" bepflanzt wird, ist eine CO_2-Zugabe deshalb nicht unbedingt erforderlich. Trotzdem kann dieses System zur Senkung des pH-Werts bei nicht allzu hartem Wasser verwendet werden. Allerdings empfiehlt es sich, die Wasserwerte mit kontinuierlichen Meßgeräten computerunterstützt zu überwachen. Dabei sind Schwankungen der Wasserwerte zu vermeiden. Zum Thema fachgerechte Wasseraufbereitung geben entsprechende Fachbücher einen vertiefenderen Einblick in die nicht allzu komplexe Materie. Bestehen hierzu noch unzureichende Erfahrungen, ist das Studium solcher Bücher unbedingt zu empfehlen, bevor man sich an die Pflege von Rochen heranwagt.

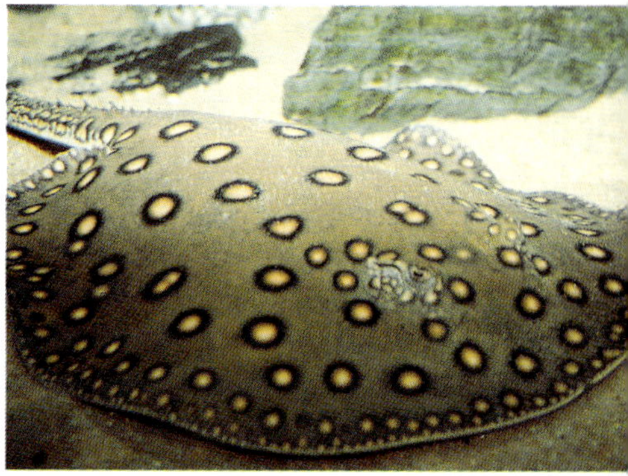

Auch die Rochen der Art P. motoro *können sehr unterschiedliche Körperfarben aufweisen, wie diese beiden Aufnahmen erkennen lassen.*
Fotos: Hans Gonella

Die kontinuierlichen Pflegemaßnahmen

Mit den kontinuierlichen Pflegemaßnahmen steht und fällt eine erfolgversprechende Rochenpflege. Und obschon manche der hier erwähnten Themenkreise wohl jedem Pfleger als selbstverständlich vorkommen mögen, seien sie kurz dargelegt. Denn gerade durch vernachlässigte Pflegemaßnahmen treten die meisten Probleme auf.

Selbst ein noch so leistungsfähiges Filtersystem vermag die Teilwasserwechsel nicht zu ersetzen. Um die überschüssigen Schadstoffe zu entfernen, hat sich ein in zweiwöchigen Intervallen durchgeführter Teilwasserwechsel bewährt. Dabei wird ein Drittel des Aquarienwassers durch Frischwasser ersetzt. Es kommt dabei aber weniger auf die Menge und den Turnus des Wasserwechsels an, als daß einmal gewählte Mengen des erneuerbaren

Motoro-Variante Foto: Hans Gonella

Wassers und ebenso die Intervalle beibehalten werden. Somit können sich die Rochen besser an die daraus resultierenden Qualitätsschwankungen beim Aquariumwasser gewöhnen. Demzufolge wäre es auch möglich, das Wasser im Aquarium wöchentlich oder alle drei Wochen etwa zu einem Drittel zu ersetzen.

Gleichzeitig mit dem Teilwasserwechsel sind abgestorbene Pflanzenteile zu entfernen. Gegebenenfalls werden neue Pflanzen eingesetzt oder wenn nötig Korrekturen an der Einrichtung vorgenommen. Da die technischen Hilfsmittel bei den Pflegearbeiten vom Stromnetz getrennt werden, ist nach der Wiederinbetriebnahme der Geräte ihre Funktionstüchtigkeit zur überprüfen. Ähnliches gilt für die Wassertemperatur, über deren Verlauf man sich ebenso ins Bild setzen sollte.

Sobald die Leistung des Filters nachläßt, ist eine Reinigung des Filtermaterials angesagt. Das Reinigen des Filters kann in zeitlich verschobenen Intervallen durchgeführt werden. Dies hält Schwankungen bei der Wasserqualität so niedrig wie möglich. Je nach Filtersystem ist eine Reinigung alle zwei Wochen bis zwei Monate nötig. Viel länger darf nicht abgewartet werden; dies, weil die Rochen große Ausscheidungsproduktmengen produzieren. Bei dem Reinigungsvorgang unter dem laufenden Wasserhahn hat das Auswaschen behutsam zu erfolgen. Das heißt, der im Filtermaterial angesammelte Schmutz ist vollständig unter handwarmem Wasser auszuspülen. Ein zu heißes auswaschen würde die auf dem Filtermaterial zurückbleibenden Bakterien abtöten, was die biologische Reinigungskraft des Filters beeinträchtigt.

Die eben erwähnten Pflegemaßnahmen können selbstverständlich, je nach Gegebenheiten, eine beliebige Erweiterung erfahren. Zum Beispiel müssen Futterreste nach jeder Fütterung aus dem Aquarium entfernt werden. Gelegentlich ist auch der Bodengrund mit dem

Teilwasserwechsel unter Zuhilfenahme einer sogenannten Mulmglocke von Schmutzansammlungen zu befreien.
Am Ende dieses Abschnitts sei noch darauf hingewiesen, daß bei den Pflegemaßnahmen mit der nötigen Vorsicht vorzugehen ist. Ein in die Enge treiben der Rochen ist unbedingt zu vermeiden. Um das Risiko beim Umgang mit den Stachelrochen möglichst gering zu halten, sind die Hinweise im nachfolgenden Kapitel „Das Verhalten der Rochen" zu berücksichtigen.

Algenplage – was ist zu tun?

Ein übermäßiges Algenwachstum kann sich zu einer richtigen Plage entwickeln. Obwohl auch Algen in ein Aquarium gehören, sollten sie sich nicht ungebremst entwickeln. Im Allgemeinen deutet ein übermäßiges Algenwachstum auf „ungünstige" Pflegebedingungen hin. Ein mit Nährstoffen belastetes Aquarium, die Beleuchtungsdauer und das von außen einfallende Licht können je nach Situation, verschiedene Algenarten hervorbringen, die dadurch gute Wachstumsbedingungen finden.
Je weniger Nährstoffe im Aquariumwasser vorhanden sind, desto spärlicher tritt ein Algenwachstum auf. Dies ist mit den Teilwasserwechseln und optimal betriebenen Filtern jedoch ohne Probleme zu erreichen. Zudem unterdrückt ein gesundes Pflanzenwachstum die Algen, da die höheren Pflanzen dieselben Nährstoffe verbrauchen. Deswegen sollten einmal angewachsene Pflanzen nicht unnötig umgesetzt werden, ansonsten würde ihr Wachstum unterbrochen. Das Futterangebot für die Rochen kann ebenfalls ein Algenwachstum fördern. Zu viel Futter oder liegengebliebene Reste im Bodengrund verursachen schnell einmal einen Nährstoffüberfluß für die Pflanzen und Algen im Aquarium. Auch eine zu hohe Dosierung von Wasserpflanzendünger kann Algenprobleme verursachen.
Mit dem Nährstoffangebot wird die Beleuchtungsdauer Einfluß auf das Algenwachstum nehmen. Eine angemessene Beleuchtungsdauer und die Intensität des abgegebenen Lichts bestimmen über die jeweiligen Algenarten, die auftreten können. Wobei die Beleuchtungssorten, der im Zoofachhandel angebotenen Systeme, kaum für das explosivartige Aufkommen von Algen verantwortlich sind. Bei richtigem Einsatz sind sie alle für Aquarien geeignet. Am häufigsten treten Algenprobleme in neu eingericheten Aquarien auf. Selbst wenn sich regelrechte Algenteppiche unterhalb des einfallenden Lichtkegels bilden, ist deshalb noch lange nicht das Beleuchtungssystem falsch gewählt. Viel eher hat sich das „Aquariumgleichgewicht" noch nicht vollständig eingestellt. Die Algen sind daher fortlaufend zu entfernen und die Beleuchtungsdauer entsprechend zu korrigieren. Mit der Zeit – dies kann durchaus einige Monate andauern – wird es dem Pfleger sicher gelingen, das Algenwachstum auf ein Minimum zu reduzieren. Die Beleuchtungsdauer kann zwischen zehn bis 14 Stunden liegen. Bei übermäßig auftretenden Grünalgen ist die Beleuchtungsdauer um ein bis zwei Stunden zu reduzieren. Sollten sich Braunalgen einstellen, dann ist dagegen die Beleuchtungsdauer um zwei Stunden zu erhöhen. Schwieriger ist die Bekämpfung von Bart- oder Pinselalgen. Sie sollten von Hand abgelesen werden. Blaualgen dürfen in einem Rochenaquarium nicht auftreten. Sie deuten auf eine starke Verschmutzung hin. Den Bakterien sehr nahe stehend, entwickeln sie sich bei Fäulnisbildung im Bodengrund, aus der sie ihre Lebensgrundlage erhalten.
Bei der Bekämpfung von Algen benötigt man Geduld. Sie kann einige Zeit in Anspruch nehmen, dies wird sich aber lohnen.

Das Verhalten der Rochen

In diesem Aquarium leben die Arten P. motoro *und* P. leopoldi *friedlich beieinander. Foto: Gonella*

Über das Verhalten von südamerikanischen Süßwasserstachelrochen ist noch verhältnismäßig wenig bekannt. Zum Beispiel weiß man so gut wie nichts darüber, inwieweit sich das Fortpflanzungsverhalten bei den einzelnen Arten voneinander unterscheidet. Der überwiegende Teil der Verhaltensbeobachtungen stammt denn auch aus Aquarien. Was sich in der Natur abspielt, entzieht sich bis heute den neugierigen Blicken der Betrachter. Dies nicht zuletzt deshalb, weil bei den oft trüben Wasserverhältnissen in den südamerikanischen Gewässersystemen, mit ihrer gewaltigen Ausdehnung, zufriedenstellende Verhaltensbeobachtungen kaum möglich sind. Im Aquarium dagegen erhält man sehr wohl einen guten Einblick ins Rochenverhalten, allerdings ist es nie ganz auszuschließen, daß manche Verhaltensweisen im Aquarium allerlei Störungen unterliegen können. Eine ungünstige Geschlechterverteilung oder der Einfluß artfremder Fische und natürlich die jeweilige Aquariengröße können den verschiedenen Verhaltensweisen eine neue Gewichtung verleihen und Verhaltensbeobachtungen verfälschen. Eine unzureichende Aquariumgröße, die Vergesellschaftung verschiedener Rochenarten, die in Konkurrenz zueinander treten, können sogar ein normales Verhalten verunmöglichen oder zu einem frühzeitigen Tod führen. Beim letzteren ist es für den Pfleger meist unergründlich, weshalb es zum Eklat kam. Um solche unliebsame Zwischenfälle zu vermeiden, sollten jeweils nur Rochen einer Art in einem Aquarium gepflegt werden. Bei der Pflege mehrerer unterschiedlicher Arten kam es schon häufiger zu Problemen. Besonders kleinwüchsigere Rochenarten werden von robusteren und größeren Verwandten nicht selten attackiert. Vor allem wenn Futterneid auftritt, können kleinere Arten von größeren und deshalb auch stärkeren Arten regelrecht zerfetzt werden. Da solche oder andere Zwischenfälle nicht sofort eintreten, sich erst allmählich oder spontan entwickeln, ist meist auch kein Grund dafür ersichtlich. Es ist schon einiges an Erfahrung nötig, um aufgrund auffälliger Verhaltensweisen Rückschlüsse auf etwaige Gegebenheiten ziehen zu können. Gerade deshalb sind Süßwasserstachelrochen nicht die Pfleglinge, die für noch unerfahrene Aquarianer geeignet sind.

Wie schon angesprochen, gibt es bei den südamerikanischen Süßwasserstachelrochen noch so manche Verhaltensweisen zu entschlüsseln. Um so aufmerksamer muß der Pfleger seine Fische beobachten, um aus ihrem Verhaltensrepertoir seine eigenen Schlüsse ziehen zu können. Nachfolgende Erläuterungen sollen dabei helfen, die eigenen Beobachtungen einreihen zu können oder sie zumindest durch eigene Erlebnisse zu ergänzen. Zugegebenermaßen ist es nicht immer einfach, die eigenen Verhaltensbeobachtungen zu interpretieren. Besonders schwierig ist es, sich auf einmalige gemachte Beobachtungen eine Meinung zu bilden. Diese können eine bestimmte Ursache haben, meist sind sie aber zufällig entstanden. So benötigen eigene Verhaltensbeobachtungen ein Höchstmaß an „Einfühlsamkeit“, um nicht gar

Stachelrochenfang im Biotop am Rio Negro. Foto: bede-Verlag

falsche Rückschlüsse auf besondere Verhaltensweisen zu ziehen und dadurch längerfristig wegen eines Irrglaubens den Rochen zu schaden, indem beispielsweise irgendwelche Maßnahmen ergriffen werden. Ganz anders sieht es jedoch aus, wenn bestimmte unbekannte Verhaltensweisen fortlaufend auftreten. In diesem Fall ist zuerst einmal der Ursache dafür auf den Grund zu gehen. Sofern auffällige Verhaltensweisen darauf schließen lassen, daß mit den Rochen etwas nicht in Ordnung ist oder sie Schaden nehmen könnten, ist ohne in Panik zu geraten, maßvoll zu reagieren.

Das Verhalten in der Natur

Anhand der vorhandenen Naturbeobachtungen erhält man ein Bild davon, welche Voraussetzungen in einem Aquarium gegeben sein müssen, damit eine artgemäße Pflege möglich wird. Bei den Süßwasserstachelrochen lassen sich viele Fragen hierzu nur unzureichend beantworten, da eben nur unzureichende Erkenntnisse aus Naturbeobachtungen bestehen. Einige Dinge sind aber bekannt, so daß dadurch, wie die Erfahrung zeigt, die Rochen durchaus in großen Heimaquarien gepflegt werden können.

Der überwiegende Teil der „Momentaufnahmen" aus dem Leben Stachelrochen stammen aus seichten Gewässerzonen nahe der Flußufer. Vor allem des Nachts verbringen die Rochen viel Zeit im seichten Wasser. Am Tage sind dann ihre verlassenen Ruheplätze an den kreisförmigen Vertiefungen im sandigen Bodengrund zu erkennen. Weshalb die Rochen gerade in den Nachtstunden das seichte Wasser aufsuchen, ist unbekannt. Man geht davon aus, daß sie dort auf Nahrungssuche gehen. Vielleicht wäre es aber auch möglich, den Grund darin zu suchen, weil in den Nachtstunden die tieferen Wasserschichten einen niedrigeren Sauerstoffgehalt aufweisen. Dies, weil Algen in tieferen Wasserschichten den Sauerstoff verbrauchen. Doch ist diese Annahme rein spekulativ.

Auch bestehen heute noch unterschiedliche Meinungen darüber, ob die Rochen zu den tagaktiven oder nachtaktiven Fischen zählen. Es kann aber davon ausgegangen werden, daß sie nachtaktiv sind. Zumindest zeigen sie in der Dämmerung und Abendstunden eine erhöhte Aktivität. Allerdings kann man am Tage beobachten, wie sie sich in den tieferen Wasserbereichen fortbewegen. Am Tage halten sie sich auch oft im Schlamm vergraben, in größeren Tiefen der Gewässer, um plötzlich aus ihrer Tarnung heraus schnell davon zu schwimmen. Die Lichtverhältnisse in tieferen Wasser sind dann meist auch nicht sehr intensiv, woraus sich schließen läßt, auch im Aquarium ebenfalls nicht zu helle Lichtverhältnisse anzubieten.

Am häufigsten sind größere Rochenansammlungen in seichten Lagunen anzutreffen. Dies wahrscheinlich deshalb, weil sie in den nahrungsreichen Lagunen ausreichend Futter vorfinden. Über die Standorttreue der Rochen ist aber nichts bekannt. Es kann aber davon ausgegangen werden, daß sie auf der Nahrungssuche größere Distanzen zurücklegen. Betrachtet man das Sozialverhalten der Rochen, die sich in größerer Zahl an einem Ort einfinden, so läßt dies nicht auf eine engere Gruppenbindung schließen. Sehr wahrscheinlich leben die Rochen außerhalb der Fortpflanzungszeit eher als Einzelgänger, die aber sehr wohl die Nähe von Artgenossen dulden und wie aus Aquariumbeobachtungen ersichtlich ist, wahrscheinlich auch gelegentlich mit ihnen in direkten Kontakt treten.

Das Verhalten im Aquarium

Südamerikanische Süßwasserstachelrochen verfügen über viele interessante Verhaltensweisen. Inwieweit diese aber zur Entfaltung gelangen, ist in erster Linie von der Aquariengröße abhängig.

Wie bereits angesprochen, übernimmt das Eingraben im Sand eine Schutzfunktion für die Rochen. Diese Form der Tarnung war bestimmt mit ein Grund für den erfolgreichen, entwicklungsgeschichtlichen Fortbestand der Fischgruppe. Unter dem Sand getarnt, können Rochen viele Stunden regungslos ausharren. Fehlt den Rochen die Möglichkeit, sich im Sand zu vergraben, so führt dies bestimmt zu Streßerscheinungen, die sich auf die Dauer schädlich auswirken. Und selbst wenn die Rochen in den Augen des Pflegers nur selten von ihrem Tarnverhalten Gebrauch machen, stellt es doch einen unverzichtbaren Bestandteil des Rochenlebens dar. Deshalb muß auf jeden Fall eine möglichst ausgedehnte Sandfläche zur Verfügung stehen. Nebenbei bemerkt, sollte man sich auch nicht wundern, wenn ein Rochen immer dieselbe Pflanzengruppe ausgräbt oder sich an Dekorationssteinen zu schaffen macht, weil ihm gerade dieser Platz sehr geeignet erscheint, um sich zu vergraben. Unter solchen Umständen muß man den Willen des Rochens respektieren und die Pflanzen oder Steine an einem anderen Ort plazieren. Auffallend ist auch, daß sich das Eingraben im Sand, wie auch andere Verhaltensweisen, bei den verschiedenen Arten sehr unterschiedlich stark bemerkbar macht. Beispielsweise scheinen sich die Rochen der Art *Potamotrygon leopoldi* weniger häufig einzugraben, als die Pfauenaugen Stachelrochen, *P. motoro*, dies tun.

Hinweis: Bei entsprechender Pflege fassen die anfänglich sehr scheuen südamerikanischen Süßwasserstachelrochen sehr schnell Vertrauen in ihren neuen Lebensraum.

Mit großer Neugierde, die beinahe Sprichwörtlich ist, erkunden die Rochen jeden Winkel im Aquarium. Mit bemerkenswerter Ausdauer können sie unentwegt in den Sand blasen, um etwas Freßbares aufzustöbern. Dabei untersuchen sie selbst den unter Steinen liegenden Sand. Bei ihren Erkundungsgängen zwischen den Steinaufbauten setzen sie auch ihre Bauchflossen ein, was allerdings hierfür keinen Sinn erkennen läßt. Mit Vorliebe blasen sie auch in die Vertiefungen von Lochsteinen, weil sie darin vermutlich einen Leckerbissen suchen.

Neben den täglich ausgedehnten Futtersuchaktionen fällt auch ein enormer „Entdeckungs- und Spieltrieb" bei den Rochen auf. Dabei können sie das ganze Aquarium regelrecht umgraben und den Sand in großen Mengen anhäufen. Auch bemerken sie schon die kleinsten Veränderungen im Aquarium. Bereits ein neuer ins Aquarium eingebrachter Flußstein kann ihre ungeteilte Neugierde erwecken, indem sie ihn genauestens untersuchen. Selbst ein späteres Umplazieren des Steins kann den Rochen Abwechslung bringen. Auf größere Veränderungen im Aquarium sollte man aber verzichten. Mitunter geraten die Rochen in große Aufregung, wenn ihr gewohnter Ruheplatz plötzlich durch irgendwelche Gegenstände verstellt ist. Rochen dagegen, die in einrichtungslosen Aquarien gepflegt werden, zeigen meist ein phlegmatisches Verhalten.

Das Verhalten der Rochen

Trotz ihrer bodenorientierten Lebensweise haben die Rochen einen Bewegungsdrang, den die aktiven Fische auch ausleben möchten. Hierfür schwimmen sie mit kräftigem Flossenschlag durch die mittleren und oberen Wasserschichten des Aquariums. Dabei kann es vorkommen, daß sie eine „gewaltige" Geschwindigkeit erreichen und beim Hinaufschwimmen an der Aquarienscheibe entlang über den Rand des Aquariums hinausschießen und auf dem Fußboden landen. Bleibt der Unfall unbemerkt, trocknen die Kiemen schnell aus und das Mißgeschick endet mit dem Tod. Aber auch wenn der Aquarienrand hoch genug ist, wird der Pfleger Spuren solcher schwimmerischen Eskapaden der Rochen am Fußboden vorfinden. Nämlich dann, wenn die Rochen beim Abdrehen an der Wasseroberfläche einen Wasserschwall aus dem Aquarium hinausbefördern.

Hektik entsteht im Aquarium dann, wenn sich zwei Rochen in die Quere kommen. Dies ist meist auf ungünstige Platzverhältnisse zurückzuführen. „Streitereien" kommen aber gelegentlich zwischen Männchen vor. Auch gibt es Männchen, die ein sehr aggressives Verhalten zeigen. Seltener können sich solche Aggressionen auch gegen Weibchen richten. In extremen Fällen enden schwere Auseinandersetzungen vielfach mit dem Tod der schwächeren Fische. Zwischen gleich großen Artgenossen kommen aber Auseinandersetzungen eher selten vor, so daß die Süßwasserstachelrochen trotzdem als eher friedliche Fische zu bezeichnen sind. Aus Gründen der Nahrungskonkurrenz können sich jedoch robustere Arten kompromißlos gegenüber schwächeren Arten durchsetzen. Deswegen sind nur gleich große Tiere derselben Art miteinander zu vergesellschaften. Wobei lediglich ein Männchen mit einem oder mehreren Weibchen gemeinsam zu pflegen sind.

Sofern zwei Rochen miteinander „streiten", ist nie ganz auszuschließen, daß sich die Fische auch mit ihrem Stachel Verletzungen zufügen können. In solchen Fällen muß ein Stich nicht unbedingt großen Schaden anrichten. Sofern keine wichtigen Körperteile betroffen sind, hinterläßt das Gift um das Einstichloch lediglich eine gut erkennbare, kreisrunde Hautverfärbung. Die Wunde und das vom Gift geschädigte Hautgewebe heilen sehr schnell, ohne daß nachteilige Folgen zurückbleiben. Obschon die eben aufgeführte Bemerkungen darauf schließen lassen könnten, daß es sich bei den Rochen eher um Einzelgänger handeln könnte, sind sie dennoch überaus gesellige Fische. In den überwiegenden Fällen harmonieren die Artgenossen untereinander so sehr, daß sie sogar aufeinander sitzend den Körperkontakt suchen. Selbst bei der Nahrungsaufnahme kommen sie sich kaum in die Quere. Und wenn doch, schubsen sie sich gegenseitig behutsam weg, um ein bestimmtes Futterstück zu erreichen. Lediglich bei der Fortpflanzung können die Weibchen von den Männchen kleinere Verletzungen an den Flossenrändern davontragen. Diese stellen aber keinen Grund zur Besorgnis dar und gehören sozusagen zur Paarung.

Mit der Zeit können die Rochen auch eine erstaunlich hohe Zutraulichkeit gegenüber dem

Pfleger entwickeln. Der ausgeprägte Spieltrieb und die Neugierde der Fische begünstigt sogar ein aus der Handfressen vom Pfleger. Manche Rochen lassen sich mit wachsendem Vertrauen sogar anfassen. Dies alles stellt aber auch ein nicht zu unterschätzendes Gefahrenpotential dar. Eine unvorsichtige Bewegung oder ein hektisches Zurückziehen der Hand kann jederzeit zum Nachteil des Pflegers schmerzliche Folgen haben. Da es sich bei den Süßwasserstachelrochen um Wildtiere handelt, darf sich der verantwortungsbewußte Pfleger nicht durch die Verspieltheit der Rochen täuschen lassen und sich somit in Gefahr bringen. Es ist ratsam, bei den Pflegearbeiten und beim Füttern einen direkten Kontakt zu den Rochen zu vermeiden und beim Hantieren im Aquarium Pflanzstangen oder ähnliches zu benutzen.

Wichtige Vorsichtsmaßnahmen

Im Zusammenhang mit dem Rochenverhalten und den Pflegemaßnahmen kann nicht deutlich genug auf das bestehende Gefahrenpotential aufmerksam gemacht werden. Auch auf die Möglichkeit hin, bei den immer wiederkehrenden Warnungen langweilig zu erscheinen, wird dieser Textabschnitt sicher dazu beitragen, die Rochen richtig einschätzen zu lernen. Vor hektischen Bewegungen und vor dem Berühren der Rochen wurde schon gewarnt. Auch müssen die im gleichen Haushalt lebenden Personen oder Pflegevertretungen während der Ferienzeit eingehend über die Giftigkeit der Rochen informiert werden. Im besonderen Maße sind Kinder vor den Rochen zu schützen. Schnell einmal können unbeaufsichtigte Kinder dem Gedanken verfallen, sich die Rochen von der Nähe aus zu betrachten, was meist mit den Händen geschieht. So lohnt es sich, wenn nötig, den Zugang zum Aquarium zu erschweren. Hierfür ist beispielsweise eine abschließbare Abdeckung geeignet. Bei den sudamerikanischen Süßwasserstachelrochen handelt es sich um überaus wendige Fische. Ihre oft ruhige Lebensweise darf nicht darüber hinwegtäuschen, daß sie blitzschnell reagieren können. Mit unglaublicher Schnelligkeit können sie mit dem Schwanz rundumschlagend zustechen. Auch können sie blitzartig aus ihrer Ruheposition aufschrecken und den Pfleger zu unbedachten Bewegungen verleiten, die wiederum vom Rochen als eine Gefahr gewertet werden. Die Rochen sind bestimmt nicht bösartig. Sie werden jedoch ihre Verteidigungswaffe einsetzen, wenn sie sich dazu veranlaßt sehen. Dabei können sie nicht zwischen einem gutgemeinten Eingreifen, einer vermeintlichen „Liebkosung" oder einem Angriff unterscheiden. Sobald für sie eine ungewohnte Situation eintritt, versuchen sie sich zu schützen.

Das Sammeln von Erfahrungen und das Studieren des Rochenverhaltens ist bestimmt keine Angelegenheit, die auf die Schnelle erworben werden kann. Erst durch eine intensive Beschäftigung mit den faszinierenden Fischen wird es dem Pfleger möglich sein, seine Rochen richtig einschätzen zu können. Dafür muß er aber mit wachen Sinnen seinen Tieren begegnen und bei der Pflege behutsam vorgehen.

Mitunter können die Rochen ein sehr lebhaftes Verhalten an den Tag legen, wie bei diesem Paar P. motoro *zu erkennen ist. Foto: Yvette Tavernier*

Das Fortpflanzungsverhalten

Wie andere Fische auch, so haben die südamerikanischen Süßwasserstachelrochen ebenfalls arteigene Paarungsrituale entwickelt. Über das Paarungsverhalten der Süßwasserstachelrochen fehlen leider gesicherte Erkenntnisse, die von wissenschaftlich ausgebildeten Verhaltensforschern erarbeitet und interpretiert wurden. Dennoch geben manche Verhaltensabläufe einen Einblick über den Paarungsverlauf. Allerdings kann dieser im Aquarium nur selten beobachtet werden. Dies weniger, weil die Fische im Aquarium nicht zur Fortpflanzung schreiten, sondern weil die Paarung meist im Schutze der Dunkelheit stattfindet. Am nächsten Morgen sind dann die Spuren der Paarung vielfach an den Weibchen festzustellen. Ihre Flossensäume sind aufgrund des heftigen Umwerbens des Männchens oft beschädigt. Hin und wieder fehlen sogar ganze Stücke entlang der Flossensäume, so daß man den Eindruck erhält, es hätte ein beachtlicher Kampf stattgefunden. Das heftige „Spiel" der Geschlechter kann als Balz bezeichnet werden. In einer ersten Phase schwimmen die paarungswilligen Partner häufiger als sonst nebeneinander oder übereinander durchs Aquarium. Dabei scheinen sie sich immer wiederkehrend zu umkreisen. Gleichzeitig versuchen sie sich hinten, neben der Schwanzwurzel zu packen, um den Partner so festzuhalten. In den überwiegenden Fällen sind es die Männchen, welche die Weibchen zur Paarung bewegen wollen und sich an den Flossensäumen der Partnerin festhalten. In einer zweiten Phase zeigt das Weibchen eine zunehmende Paarungsbereitschaft, indem es auf das stetige Rundumschwimmen und Zupfen des Männchens vermehrt eingeht und es näher an sich herankommen läßt. In der dritten Phase gelingt es dem Männchen schließlich, sich seitlich unter das Weibchen zu schieben, um es Bauch an Bauch liegend anzuheben. In dieser Position gelingt es dem Männchen eines seiner sekundären Begattungsorgane in die Kloake, sprich weibliche Geschlechtsöffnung, einzuführen. Durch das Begattungsorgan des Männchens besteht Gewähr, daß die Spermien ohne große Verluste direkt in den weiblichen Körper gelangen, was zu einer sicheren Befruchtung der Eier beiträgt. Der Paarungsvorgang kann 20 bis 30 Minuten andauern. Wobei über die tatsächliche Paarungszeit nur wenig Genaueres bekannt ist. Die Paarung könnte auch länger andauern und mehrere Stunden betragen. Aufgrund einiger Beobachtungen besteht die Vermutung, daß sich die Paarungsabläufe in den kommenden Nächten mehrmals wiederholen. Über den Reiz, der zu einer Paarung motiviert, ist leider auch nichts Genaueres bekannt. Allerdings bleiben andere im Aquarium vorhandene Weibchen vom Männchen unbehelligt, so daß sich daraus schließen läßt, daß irgendwelche Signale vom Weibchen für die Paarungsbereitschaft ausgehen müssen. Danach bleibt das befruchtete Weibchen vom Männchen wieder über Monate unbehelligt, bis es wieder zu einer erneuten Paarung kommen kann.

Rochen und ihre Beifische

Das lebendige Verhalten der Stachelrochen führt berechtigter Weise zur Frage, ob es möglich ist, auch andere Fischarten zusammen mit den großen Tieren in einem Aquarium zu pflegen. Da die Rochen auch allerlei Getier im und über dem Bodengrund bei der Futtersuche aufspüren. Um die Antwort nach der Verträglichkeit der Rochen gegenüber Beifischen gleich vorwegzunehmen: Eine Vergesellschaftung von Rochen mit anderen geeigneten Fischen ist sogar empfehlenswert. Man könnte sogar behaupten, daß sich außerartliche Kontakte positiv auf eine zusätzliche „Reizbildung" im „Lebensraum Aquarium" auswirken und sich so das Gesche-

hen für die Rochen, wie auch für die empfohlenen Fischarten interessanter gestaltet.
Zugegebenermaßen sind Probleme zwischen Rochen und Beifischen nie ganz auszuschließen. Kleinere bodenorientierte Fischarten von schlanker körperlicher Statur oder kleine Fische, die sich während der Nachtruhe nahe des Bodengrunds aufhalten, können durchaus von den Rochen als willkommener Leckerbissen betrachtet werden. Dies vor allem dann, wenn es den hier angesprochenen Fischarten aufgrund mangelnder Versteckmöglichkeiten nicht möglich ist, sich vor den nächtlichen „Beutezügen" der Rochen zu schützen. Darüberhinaus können bestimmte, revierbildende Buntbarsche mit den Rochen in Konflikt geraten, der für die Buntbarsche meist mit dem Tod endet. Manche Buntbarsche beanspruchen während der Fortpflanzungszeit vielfach dieselben Zonen im Aquarium, die von den Rochen als Aufenthaltsorte genutzt werden.
Beispielsweise können Diskusfische sehr gut mit Rochen vergesellschaftet werden. Zu reizarme Aquariumverhältnisse und ein unzureichendes Raumangebot können aber dessen ungeachtet Probleme hervorrufen. Gelangen die Diskusfische mit den Rochen deswegen in eine Konfliktsituation, so könnte ein Rochen einen Diskus töten. Dabei muß nicht einmal der Stachel eingesetzt werden. Es wäre sogar möglich, daß der körperlich überlegene Rochen den Diskus im wahrsten Sinne des Wortes unter sich begräbt. Dabei wehrt sich der Diskus mit kraftvollen, ja panischen Schwimmbewegungen – aber ohne Erfolg. Für den Rochen macht dieses Vorgehen eigentlich „keinen Sinn". Ein Diskus gehört nicht zu den Beutetieren von Rochen. Dafür sind ungünstige Pflegebedingungen verantwortlich zu machen. Ein Rochen würde einen Diskus nicht einmal zu fressen versuchen. Neben den Diskusfischen können beispielsweise Smaragdbuntbarsche, *Hypselecara temporalis*, sogar kleinwüchsige Zwergbuntbarsche und viele andere an Felsterritoriale gebundene Buntbarsche mit Rochen vergesellschaftet werden. Voraussetzung ist, daß alle im Rochenaquarium gepflegte Fischarten dieselben Ansprüche an die Wasserqualität stellen.
Auch unter den Salmlern wie dem Rautenflecksalmler, *Hemigrammus caudovittatus*, und kleinwüchsigeren Vertretern dieser Fischgruppe, finden sich zahlreiche Arten, die sich mit den Rochen ein Aquarium teilen können. Bedingung ist auch hier ein ausreichendes Vorhandensein an Versteckmöglichkeiten, die als Ruhe- oder Schlafplätze genutzt werden können. Zu den bewährten Beifischen zählen natürlich die großwüchsigen Harnischwelsarten. Ihnen müssen aber Wurzeln bereitgestellt werden, unter denen sie sich auch verstecken können.

Oben links: *Kleine Fischarten, die zusammen mit Rochen gepflegt werden, müssen sich während der Nacht zwischen Pflanzen und Wurzeln verstecken können.*
Oben: *Fischgemeinschaft im Aquarium von Ottrott, Frankreich. Rochen, Diskusfische und ein Aal teilen sich ein Aquarium.*
Fotos: Gonella

Futter für den Rochen

Die südamerikanischen Süßwasserstachelrochen zählen zu den Detritusfressern. Das heißt, daß sie sich unter anderem von Kleinlebewesen und größeren Futtertieren ernähren, die sich im und über dem schlammigen Bodengrund aufhalten. Dabei nehmen sie auch beachtliche Mengen an pflanzlichen Nahrungsbestandteilen auf. Diese langsam zerfallenden Pflanzen- aber auch Tierreste bilden die oberste Schicht des Flußgrunds und stellen somit zugleich einen wichtigen Nahrungsbestandteil für die Rochen dar.

Schon die Körperform und ihre Lebensweise zeichnen die Rochen als Nahrungsspezialisten aus. Sie stöbern im schlammigen Bodengrund allerlei lebende Organismen auf. Neben Insektenlarven gehören auch Würmer und Krebstiere dazu. Selbst hartschalige Beutetiere können sie mit ihren starken Zahnplatten mühelos knacken. Dabei verschmähen sie auch kleinere am Boden ruhende Fische nicht. Trotzdem können die Rochen deswegen nicht zu den eigentlichen Raubfischen gezählt werden.

Über die natürliche Nahrungspalette ist nur wenig bekannt. Allerdings schließt dies eine ausgewogene Fütterung im Aquarium nicht aus. Zumal diesbezüglich ausreichend Erfahrungen vorliegen. Mit gezielten und ausgewogenen Futtergaben gelingt es den Rochen, all die von ihnen benötigten Nährstoffe zuzuführen. Hierfür reicht schon eine „mäßige" Fütterung. Die ausgewachsenen Rochen erhalten lediglich zwei- bis dreimal pro Woche eine Basisfütterung. Ebenfalls zwei- bis dreimal die Woche können kleinere Mengen verschiedener Leckerbissen hinzugefüttert werden. Gleichzeitig ist abwechslungsreich zu füttern, damit wird eine Futterverweigerung meist verhindert.

Südamerikanische Süßwasserstachelrochen fressen in der Regel beachtliche Mengen auf einmal. Sind sie hungrig, dann ist dies an ihrem Verhalten gut zu erkennen. Unentwegt streifen sie unruhig über den Bodengrund hinweg und pusten dabei unaufhaltsam in den Sand hinein. Steigt das Hungergefühl, so schwimmen sie sogar aufgeregt die Aquariumscheiben auf und ab. Bei Rochen dagegen, die eine Futteraufnahme über einen längeren Zeitraum verweigern, besteht ein berechtigter Verdacht auf gesundheitliche Probleme.

Tip: Der Ernährungszustand der Rochen ist an den „Fettpolstern" der Körperoberseite gut ersichtlich, die an den Ausbuchtungen zwischen, beziehungsweise hinter den Augen und an den hinteren Körperpartien zu erkennen sind.

Gesunde Rochen erreichen ein beachtliches Körpergewicht von 3 bis 5 kg.

Durch regelmäßiges und „mäßiges" Füttern werden gesundheitliche Schäden vermieden. Zuviel Futter wie auch zu wenig Futter kann Krankheiten hervorrufen und die Lebenserwartung drastisch verkürzen. Deshalb ist dem Ernährungszustand höchste Aufmerksamkeit zu widmen. Übermäßiges und fetthaltiges, wie zu kohlenhydratreiches Futter kann Organschädigungen hervorrufen. Dagegen sind abgemagerte Rochen mit eingefallenen Körperpartien meist Todeskandidaten.

Futter ist nicht gleich Futter

Am häufigsten werden den Rochen geschälte Garnelen und Fischfleisch verfüttert. Beides sind hervorragende Nahrungsmittel sofern sie nicht ausschließlich Anwendung finden. Besonders ungeschälte Garnelen werden gerne gefressen. Damit gelangen auch die Zahnplatten der Rochen zum Einsatz, wenn die Rochen die Panzer der Garnelen zermalmen. Beim Fischfleisch können in Stücke oder Streifen geschnittene Meeres- und Süßwasserfische angeboten werden, wobei Süßwasserfische zu bevorzugen sind. Neben Forellen sind Filets von Felchen und

Bei der Futtersuche pusten die Rochen in den Sand, um beispielsweise Insektenlarven aufzustöbern. Foto: Hans Hollenstein

Flußbarschen ein empfehlenswertes Futter. Letztere beiden Fischsorten weisen ein Fleisch mit fester Konsistenz auf, was letztendlich auch eine Wassertrübung bei der Futteraufnahme verringert. Zudem sollten Muschelfleisch und kleingeschnittener Tintenfisch gelegentlich den Speiseplan ergänzen. Ein sehr gutes Futter stellt auch das Lebendfutter dar. Regenwürmer, Rote Mückenlarven oder Kleinkrebschen wie Salinenkrebse werden selbst von größeren Rochen eifrig aufgenommen. Der Vorteil von Lebendfuttergaben ist, daß bei den Rochen immer wieder die natürliche „Futtersuchmotivation" geweckt wird und sie durch das Durchstöbern des Sands Beschäftigung erhalten.

Die zuvor erwähnten Futtersorten haben allesamt einen hohen tierischen Eiweißgehalt und einen relativ hohen Fettgehalt. Wird nicht noch zusätzlich pflanzliche Nahrung angeboten, kann dies zu Verdauungsstörungen führen. Deshalb muß auch regelmäßig allerlei Pflanzenkost im Aquarium ausgelegt werden. Zum Beispiel Gurken, Salatblätter und anderes gehören zum bevorzugten Futter. Es versteht sich wohl von selbst, daß sämtliche Futtersorten, wie Fisch und Pflanzenkost stets frisch und gewaschen sein müssen, um die Rochen gesund zu halten. Besonders bewährt hat sich eine Futtermischung, die selbst hergestellt werden kann. Damit können die Rochen mit allen wichtigen Nahrungsbestandteilen versorgt werden. Das Rezept stammt aus dem Zoologischen Garten der Stadt Frankfurt und setzt sich wie folgt zusammen: Die frischen Zutaten bestehen aus 30 % Rinderherz, 20 % Süßwasserfisch, 15 % Tintenfisch und 10 % Rinderleber. Weiter ergänzen 10 % Karotten, Äpfel oder anderes Obst sowie 10 % ungeschälter Reis oder Maisgries im vorgekochten Zustand die Futtermischung. Die verbleibenden 5 % bestehen aus Aspikegelatine, die zum Binden der Mischung benötigt wird. Auf zehn Liter Futter werden 0,6 l Gelatine benötigt. Zusätzlich werden in den Futterbrei noch rohe Eier zwei bis drei Eßlöffel des Vitamin-Mineral-Gemischs Davinova von Parke Davis sowie zehn zerriebene Supradyn-Vitaminkapseln und rund $^1/_4$ Teelöffel Canthaxanthin auf zehn Liter Futtermischung beigegeben. Sofern der hohe Fleischanteil aus ernährungsbedingten Gründen bedenklich erscheint, kann dieser auch durch Fischfleisch ausgetauscht werden. Ebenfalls kann auf Canthaxanthin verzichtet werden. Alle eben erwähnten Nahrungsmittel werden mit einer Küchenmaschine fein gemahlen und gut durchmischt. Danach werden die Eier eingerührt. Das Ganze wird nun auf dem Kochherd vorsichtig auf circa 60 °C erhitzt. Um ein Anbrennen des Breis zu verhindern, ist etwas Wasser beizugeben. Allerdings darf der Brei nicht zu flüssig werden. Ist die vorgeschriebene Kochtemperatur erreicht, wird langsam die Aspik-Gelatine eingerührt, damit sie sich gut verteilt und vollständig auflösen kann. Zum Schluß kommen noch Vitaminzusätze hinzu. Gleich anschließend ist der Brei in eine flache Schale auszugießen und muß nun möglichst schnell erkalten können. Je schneller das Gelatinefutter abkühlt, desto fester wird seine Konsistenz, was vorzugsweise im Kühlschrank stattfinden kann. Nach dem Erkalten wird die Futtermischung aus der Schale gelöst und in kleinere Würfel geschnitten. Diese lassen sich dann in den gewünschten Mengen portionieren und im Gefrierschrank aufbewahren. Das so hergestellte Basisfutter darf nun zwei- bis dreimal wöchentlich angeboten werden und mit den verschiedenen zusätzlich im Angebot stehenden Leckerbissen eine Abrundung des Speiseplans erfahren. Jungrochen dagegen dürfen auch mehrmals täglich mit kleinen Mengen des Basisfutters gefüttert werden, damit sie zufriedenstellend heranwachsen.

Das richtige Vorgehen beim Füttern

An und für sich gibt es zu diesem Thema nicht viel zu sagen. Trotzdem müssen einige Dinge berücksichtigt werden, damit keine unliebsamen Überraschungen auftreten. Die Süßwasserstachelrochen finden ihre Nahrung in der Natur vorwiegend im schlammigen Grund. Dasselbe Verhalten demonstrieren sie bei einem Sandboden im Aquarium. Dies deshalb, weil sie in Südamerika auch auf Sandbänken auf Nahrungssuche gehen. So durchsuchen sie mit großer Ausdauer, stetig in den Sand „pustend", den Bodengrund nach verborgener Nahrung. Auch das auf dem Boden liegende Futter nehmen sie bereitwillig auf.

Am häufigsten treten Fütterungsprobleme in den ersten Pflegewochen auf. Vielfach wird das angebotene Futter zwar aufgenommen, aber schon nach einigen Kaubewegungen wieder ausgespuckt. Damit wird es für den Pfleger schwierig, abzuschätzen ob seine Rochen überhaupt Nahrung aufgenommen haben. In den meisten Fällen liegt bei diesem Verhalten tatsächlich eine Futterverweigerung vor, da gesunde Rochen normalerweise ansehnliche Futtermengen verwerten. Für eine Futterverweigerung können verschiedene Gründe verantwortlich sein. Zum einen verweigern kranke oder sonstwie geschwächte Rochen eine Futteraufnahme. Zum anderen führen auch die veränderten Lebensbedingungen zu einer Freßunlust. Und zu guter Letzt können für die Rochen unbekannte Futtermittel oder zu große Futterbrocken ein Problem darstellen. Um die Rochen zur Futteraufnahme zu animieren, eignet sich besonders Lebendfutter. Mit Roten Mückenlarven oder Regenwürmern von ungedüngten sowie ungespritzten Wiesenflächen können die Rochen sozusagen „angefüttert" werden. Gleichzeitig können sehr kleine Mengen an kleingeschnittenen Garnelen oder Fischstückchen die Futtergaben ergänzen. Damit Gewißheit besteht, ob alles Futter gefressen wird sind jeweils nur zwei bis sechs Futterstücke zu verfüttern. Erst wenn diese mit Sicherheit aufgenommen wurden, ist weiteres Futter anzubieten. Mit der Zeit dürfen dann die Futtergaben langsam erhöht werden. Hierbei wird es dem Pfleger auch möglich abzuschätzen, wieviel Futter von den Rochen benötigt und jedes Mal aufgenommen wird.

Bei Jungrochen ist es wichtig, sie regelmäßig und abwechslungsreich zu füttern. Mehrmalige kleinere Futteraufnahmen pro Tag sind zudem für ein gesundes Wachstum förderlich. Älteren Rochen kommen dagegen zwei „Fastentage" pro Woche zu Gute. Gelegentlich kann es auch vorkommen, daß das Futter von den Rochen während einiger Tage verschmäht wird. Bei solchen selbstauferlegten „Fastentagen" ist noch nichts Schlimmes zu befürchten.

Nach erfolgter Fütterung ist das übriggebliebe Futter spätestens nach einigen Stunden aus dem Aquarium zu entfernen. Damit verhindert man eine Verwesung der Futterreste und eine damit einhergehende Verschlechterung der Wasserqualität. Ähnlich ist bei der Fütterung von Lebendfutter vorzugehen. Rote Mückenlarven dürfen nur in Mengen angeboten werden, die von den Rochen sofort gefressen werden. Unbemerkt im Bodengrund verfaulend, beeinträchtigen auch sie die Wasserqualität negativ.

Paarung und Embryonalentwicklungszeit bei den südamerikanischen Süßwasserstachelrochen gaben lange Zeit große Rätsel auf. Auch heute noch ist manches unklar. Gerade die Paarungsintervalle mit dem Schlüpfen der Jungrochen scheinen keinen genauen Zeitablauf erkennen zu lassen. Besonders bei den noch nicht vollständig ausgewachsenen, „trächtigen" Weibchen scheinen die Jungen gestaffelt das Licht der Welt zu erblicken, was mehrere Tage oder Wochen andauern kann. Dazwischen besteht zudem oftmals eine berechtigte Annahme, daß eine erneute Verpaarung stattfand, wie dies anhand der „Spuren" an den Flossensäumen der Weibchen ersichtlich ist. Daneben können die Geburten in sehr unterschiedlichen Zeitabständen auftreten. In Abständen von zwei Monaten bis über einem Jahr können laufend Jungrochen auf die Welt kommen. Deshalb bestand lange Zeit die Annahme, daß die Embryonalentwicklung rund fünf bis zehn Monate betragen könnte, zumal bei anderen Knorpelfischen eine „Tragzeit" von über einem Jahr als gesichert betrachtet werden konnte. Aufgrund der Beobachtungen aus dem Exotarium des Zoologischen Gartens in Frankfurt weiß man aber heute, daß die Embryonalentwicklung zweieinhalb bis drei Monate andauert. Zudem wurde eine verändernde Fruchtbarkeit mit Zunahme der Körpergröße bei den Weibchen festgestellt. Während junge Weibchen nur ein bis zwei Jungrochen austragen, können große Weibchen sechs bis acht und mehr Junge zur Welt bringen. Gleichzeitig sind bei weniger geborenen Jungtieren diese Babys bedeutend größer als wenn auf einmal viele Junge ausgetragen werden.

Zum Thema der Embryonalentwicklung erscheinen auch heute noch widersprüchliche Meldungen in der Fachliteratur. Dies zeigt auch auf, wie wenig über die natürliche Fortpflanzungsbiologie bei südamerikanischen Süßwasserstachelrochen bekannt ist. Gesichert ist jedoch, daß die südamerikanischen Süßwasserstachelrochen eine ovovivipare Embryonalentwicklung aufweisen und somit zu den lebendgebärenden Fischen zählen. Jeder Embryo ist von einem dünnen Eihäutchen umgeben, das einer Membran gleichkommt. Die Embryos ernähren sich von einem relativ großen Dottervorrat. Ist die Embryonalentwicklung abgeschlossen, so schlüpft der fertig entwickelte Jungrochen noch vor der Geburt aus der Eimembran aus.

Die nachfolgenden Ausführungen geben mangels gesicherten Erkenntnissen keine allumfassenden Zuchtanleitungen wieder. Dennoch bestehen mit dem vorhandenen Wissen gute Voraussetzungen, um südamerikanische Süßwasserstachelrochen auch in Heimaquarien

Auf diesem Bild zeigen sich Mutter, Vater und die vor kurzem geborene Tochter harmonisch beieinander. Foto: Hans Gonella

zur Fortpflanzung zu bewegen. Dies, weil schon mehrmals Nachzuchten in Heimaquarien gelangen, die nicht als Zufallszuchten gewertet werden können.

Voraussetzungen für eine Zucht

Damit die Möglichkeit für eine Zucht von südamerikanischen Süßwasserstachelrochen gegeben ist, braucht es einige Voraussetzungen. Bestimmt spielen die persönlichen Erfahrungen des Halters in der Pflege von tropischen Zierfischen eine große Rolle, um die konstanten und artgemäßen Aquariumbedingungen schaffen zu können, die eine Zucht erst möglich machen. Bedingung ist ebenfalls ein ausreichend geräumiges Aquarium, welches einem Paar zur Verfügung stehen muß. Ein Aquarium ab etwa 2000 l Wasserinhalt, erfüllt gerade die Mindestanforderungen. Wobei es weniger auf die gesamte Wassermenge ankommt, als daß eine möglichst große Grundfläche von den Fischen genutzt werden kann. Letztendlich entscheiden aber die konstant beizubehaltenden Lebensbedingungen über Erfolg oder Mißerfolg eines Züchtungsversuches. Nebst manch anderen Faktoren, wie Harmonisierung des Rochenpaares und Futtersituation spielt nämlich insbesondere die Wasserqualität eine wichtige Rolle. Zudem kann es bei einem Zuchtversuch im Heimaquarium durchaus Sinn machen, auf die Vergesellschaftung der Rochen mit anderen Fischarten weitgehend zu verzichten. Hiermit hat man Gewähr, daß der Lebensrhythmus der Rochen keinen außergewöhnlichen Störungen unterliegt.

Um sich ein Zuchtpaar zusammenzustellen, sollten die Rochen bereits eine bestimmte Größe haben. Mit einem Scheibendurchmesser von rund 40 cm wird am besten ersichtlich, ob ein Paar zusammenpaßt. Gelegentlich kann es nämlich vorkommen, daß einzelne Männchen ihre Weibchen grundlos angreifen und sie dabei ernsthaft verletzen.

Die Geschlechtsreife tritt bei den Pfauenaugen-Stachelrochen, P. motoro, nach etwa zwei Jahren ein. Bei anderen Arten dürfte dies mehr oder weniger ebenfalls zutreffen. Das Bestimmen der Geschlechter ist bei allen Arten gleichermaßen sicherzustellen.

> **Hinweis: Bei den Männchen sind an der unteren Seite des Schwanzansatzes die beiden Flossenfortsätze, auch Klasper genannt, nicht zu übersehen.**

Zur Begattung wird je ein Klasper benötigt. Der zweite dient sozusagen zur Reserve. Den Weibchen fehlen diese sekundären Begattungsorgane. Die südamerikanischen Süßwasserstachelrochen sind bis im hohen Alter hinein fruchtbar. Bei guter Pflege können sie 15 bis 25 Jahre alt werden. Vielleicht werden sie auch noch älter. Inwieweit sich einzelne Arten miteinander verpaaren und Junge hervorbringen können, ist nicht geklärt. Bei nahen verwandten Arten ist dies jedoch nicht auszuschließen. Deshalb macht es durchaus Sinn, nur eine Art im Aquarium zu pflegen. Gleichzeitig darf nur ein Männchen mit einem Weibchen vergesellschaftet werden, um mögliche Rivalitäten unter Nebenbuhlern zu vermeiden. In überaus großen Aquarien können selbstverständlich auch mehrere Weibchen mit einem Männchen zusammen gepflegt werden.

Das Zuchtwasser

An verschiedenen Stellen im vorliegenden Buch wurde bereits auf die Bedeutung einer artgemäßen Wasserqualität hingewiesen. In dieser Hinsicht zählen die südamerikanischen Süßwasserstachelrochen zu den ausgesprochen heiklen Pfleglingen. Da alle heute aus der Aquariumpflege bekannten Arten aus Gewässersystemen mit sehr weichem Wasser stammen, müssen die Wasserwerte denjenigen aus der natürlichen Umgebung entsprechen. Dies trifft insbesondere bei einem Zuchtversuch zu. Bei einer normalen Haltung dürfen dagegen die Wasserwerte auch unwesentlich höher ausfallen. Zur Zucht werden Wasserwerte von einem pH-Wert unter 6,5 und einer Gesamthärte von nicht über 5 °dGH benötigt. Entsprechend tief hat auch die Karbonathärte auszufallen. Natürlich darf auch das für den Wasserwechsel verwendete Leitungswasser kein Chlor enthalten, welches den Gesundheitszustand der Rochen auch nur leicht beeinträchtigen könnte. Dasselbe gilt für Medikamentenrückstände, die von Behandlungen allfälliger Fischkrankheiten zurückbleiben. Wenn nötig ist demzufolge das Zuchtwasser über Aktivkohle zu filtern. Im Zuchtwasser dürfen auch keine nennenswerten Mengen an Nitrat und Nitrit feststellbar sein. Diese würden einen Zuchtversuch von vornherein verbinden. Regelmäßige Wassermessungen sind deshalb nötig, um darüber Auskunft zu erhalten, ob das Aquariumwasser schadstofffrei ist.

Aufzucht von Rochenbabys

Schon vor ihrer Geburt können die Bewegungen der Embryos im Mutterleib von außen wahrgenommen werden. Auch sonst ist „der glückliche Zustand“ dem Muttertier an den Rundungen der Körperoberseite anzusehen. Kurz vor der Geburt schlüpfen die Rochenbabys aus der Eihülle, um gleich darauf vom Rochenweibchen zur Welt gebracht zu werden. Hierbei treten die Rochenbabys rückwärts, mit dem über dem Körper liegenden Schwanz aus dem Mutterleib heraus. Durch diese Geburtsstellung wird verhindert, daß den Weibchen durch den weichen, aber schon gut entwickelten Stacheln ihrer Nachkommen, Verletzungen zugefügt werden. Den eben geschlüpften Jungrochen ist auch schon ihr Geschlecht anzusehen. Die männlichen Jungrochen besitzen wie ihre Väter, lediglich proportional verkleinert, dieselben Flossenfortsätze, die später als sekundäres Begattungsorgan dienen.

In Heimaquarien treten häufig Früh- oder Totgeburten auf. Ebenso häufig sterben die anscheinend voll entwickelten und gesunden Jungrochen schon in den ersten Pflegewochen. Nicht selten nehmen solche Tiere auch kaum Futter zu sich. Nun kann man sich zu Recht fragen, woran das liegt. Neben Pflegefehlern sind Fehlgeburten oder kurz nach dem Schlüpfen sterbende Jungrochen sehr wahrscheinlich auf zu junge Weibchen zurückzuführen, in deren noch zu kleinem und hormonell nicht voll ausgestatteten Mutterleib die Embryonen nicht einwandfrei heranwachsen können. Diese Annahme stützt sich aber nur auf der Beobachtung, daß dieselben Weibchen einige Zeit später größere und widerstandsfähigere Jungen zur Welt bringen können.

Nach der Geburt können die Jungen im Aquarium belassen werden oder in einem Aufzuchtaquarium ein neues Heim finden. Bei ausreichenden Platzverhältnissen stellen die

Babyrochen, P. motoro am zweiten Lebenstag. Die Jungrochen aus dem Aquarium in ein Aufzuchtaquarium umzusiedeln, ist nicht die beste Aufzuchtmethode. Bei ungenügenden Platzverhältnissen kann dies aber unter Umständen nötig werden, wenn sich die Eltern an den Jungen vergreifen. Foto: Hans Gonella

Die Exportanlage von Turkys Aquarium in Manaus. Foto: bede-Verlag

Alttiere den Jungen kaum nach. Selbst wenn ein Junges von einem Elternteil regelrecht zugedeckt wird, wenn dieser sich auf ihn niederlegt, weiß dieses mit heftig zappelnden Bewegungen auf sich aufmerksam zu machen. In der Folge schwimmt das Alttier schnell weiter. In Heimaquarien fehlt es aber oft an ausreichend Platz, so daß eine Übersiedlung der Jungen in ein separates Aquarium zu empfehlen ist. Das Aufzuchtaquarium hat unbedingt dieselben Wasserwerte wie die Geburtsstätte aufzuweisen, ansonsten sterben die Jungen sehr schnell. Auf ihre Eltern sind die Jungrochen nicht angewiesen, da sie vom ersten Tag an auf sich selbst gestellt sind. Auch nehmen sie schon nach wenigen Tagen die erste Nahrung zu sich. Allerdings scheinen manche Jungen damit anfänglich etwas Mühe zu haben. Es fällt ihnen offensichtlich schwer, ihre Nahrung anzublasen, um sie daraufhin ins Maul aufnehmen zu können. Bei ausreichend Futtergaben erhalten sie aber dennoch ausreichend Nahrung und lernen sehr schnell, wie sie ihr Futter erreichen können. Mit einem reichlichen Füttern, verringern sich zwar Ausfälle bei den Jungtieren, es entsteht dadurch aber ein neues Problem. Die Jungrochen sind nämlich überaus anfällig auf schon geringste Schadstoffansammlungen im Wasser, die durch die Futterreste hervorgerufen werden. In der Folge stirbt ein Junges nach dem anderen. Um dies zu verhindern, sind häufige Wasserwechsel erforderlich. Dazu gehört auch eine gute Wasserfilterung und selbstverständlich müssen die Futterreste gleich nach der erfolgten Nahrungsaufnahme aus dem Aquarium entfernt werden.

Als Futter dient in erster Linie Lebendfutter. Rote Mückenlarven und Schlammröhrenwürmer, *Tubifex*, werden in der Regel bereitwillig aufgenommen. Im Laufe der ersten Lebenswochen können dann vermehrt auch andere Futtersorten auf dem Speiseplan stehen. Diese sind dieselben, die auch den erwachsenen Rochen als Nahrung dienen. Nur müssen die Futterstücke entsprechend der Körpergröße der Jungen, mit ihren 12 bis 17 cm Durchmesser, kleiner sein, damit sie problemlos aufgenommen werden können.

Aus Gründen der Reinhaltung sollte der sandige Bodengrund im Aufzuchtaquarium eine Schichtstärke von nicht mehr als 1 bis 2 cm aufweisen. Einerseits erreichen so die Jungrochen das sich im Bodengrund eingegrabene Lebendfutter besser. Und zum anderen können Futterreste mit der Mulmglocke ohne umfangreiches Absaugen des Bodengrunds aus dem Aquarium entfernt werden. In den ersten Lebenswochen darf auf einen Bodengrund im Aufzuchtaquarium verzichtet werden. Damit lassen sich die Futterreste beim täglichen Absaugen besser entfernen. Später aber, wenn die Jungen ihre Nahrung ohne Probleme aufnehmen, ist ein Bodengrund im Aufzuchtaquarium einzubringen. Schließlich sollen sich ja auch die Jungrochen bei Bedarf eingraben können.

Ausreichend gefütterte Jungrochen erreichen bei guter Pflege schon während des ersten Lebensjahrs beinahe eine doppelte Körpergröße und wachsen auch später schnell heran, so daß beispielsweise die Pfauenaugenstachelrochen, noch bevor sie das zehnte Altersjahr erreichen, einen stattlichen Scheibendurchmesser von 80 cm aufweisen werden.

Schädigungen und Krankheiten bei Rochen

Probleme bei der Rochenpflege können deren viele auftreten. Vielfach handelt es sich aber immer wieder um dieselben gesundheitlichen Schädigungen, die zum Tode von in Aquarien gepflegten Rochen führen. Nicht zuletzt entscheidet jedoch die Erfahrung des Pflegers, ob die Rochen erkranken. Meist werden Mißerfolge dem Leitungswasser oder dem schlechten Gesundheitszustand neu eingeführter Tiere angelastet. Letzteres trifft in wenigen Fällen sogar zu. In den überwiegenden Fällen nehmen die Rochen aber aufgrund gravierender Pflegefehler Schaden. Mögliche Krankheitsursachen sind zu kleine Aquarien, eine schlechte Wasserqualität und unzureichend eingerichtete Aquarien. Es ist sogar denkbar, daß ungeeignete Einrichtungsgegenstände fischschädigende Stoffe abgeben. Ebenfalls kann eine einseitige Ernährung den Gesundheitszustand negativ beeinflussen.

Der beste Schutz vor unangenehmen Überraschungen ist der Erwerb von gesunden und kräftigen Rochen. Ungünstige Transportbedingungen und eine starke Unterkühlung können irreparable Schäden hervorrufen. Solche Rochen verweigern nicht selten eine Futteraufnahme und verenden langsam. Nicht nur deswegen ist der Gesundheitszustand der Rochen vor dem Kauf eingehend zu überprüfen. Vorzugsweise beobachtet man die Fische während mehreren Wochen im Händleraquarium und stellt dabei auch sicher, ob sie einwandfrei fressen, bevor ein Erwerb überhaupt in Betracht gezogen wird.
Leider werden gelegentlich immer noch „Rochenbabys“ im Handel angeboten. Solche auffallend kleine Exemplare mit einem Scheibendurchmesser von 8 bis 12 cm, manchmal auch etwas größer, verleiten besonders zu einem unüberlegten Kauf. Täuscht doch die

Südamerikanische Süßwasserstachelrochen können gut mit großwüchsigen Buntbarschen gepflegt werden. Foto: Hans Gonella

Die Unterseite eines Süßwasserstachelrochens. Foto: Dr. Herbert R. Axelrod

geringe Körpergröße eine mögliche Haltung in einem zu kleinen Aquarium vor. Die Freude über die Neuerwerbung hält aber meist nicht lange an. Bei diesen Rochen handelt es sich in der Regel um Todeskandidaten. Die Jungrochen verweigern nicht selten die Futteraufnahme oder sind sonstwie geschwächt. Ob dafür der Transportstreß oder andere Ursachen verantwortlich sind, ist unklar. Sicher ist jedoch, daß bei jenen Jungrochen, die überleben, Schwierigkeiten bei der Pflege in zu kleinen Aquarien auftreten. Daher empfiehlt es sich lediglich Rochen in die Obhut zu nehmen, die bereits einen Durchmesser von 20 bis 40 cm aufweisen. Daß dabei ein ausreichend großes Aquarium zur Verfügung stehen muß, versteht sich wohl von selbst.

Achtung: Wie schon mehrmals angesprochen, ist die Nahrungsverweigerung eines der möglichen Probleme bei der Rochenpflege.

Die Gründe für eine Nahrungsverweigerung sind nicht immer ersichtlich. Eine einseitige Ernährung und daraus resultierende Mangelerscheinungen können beispielsweise zu einer konsequenten Nahrungsverweigerung führen. Dasselbe kann nach einer zu lang andauernden Zwangshungerperiode eintreten. Wird das Problem erkannt, so ist es meistens zu spät, um den betroffenen Tieren zu helfen. Ausgemergelte Rochen sind kaum mehr zu retten. Überdies kann ein ernährungsbedingter „Durchfall" durch eine einseitige, eiweißreiche Nahrung, längerfristig unbehandelt, für gesundheitliche Störungen verantwortlich gemacht werden. Deshalb ist bei einem schleimigen Kot umgehend eine abwechslungsreiche Nahrung sowie

Die anmutige und zugleich fantastisch anzusehende Schwimmbewegung des Rochen ist auf diesem Bild eindrücklich festgehalten. Fotos: Yvette Tavernier

ausreichend pflanzliche Kost anzubieten. Eine falsche Fütterung kann gleichzeitig zu Wachstumsstörungen führen. Deshalb ist einer regelmäßigen und ausgewogenen Fütterung höchste Beachtung zu schenken. Dies trifft insbesondere für junge Rochen zu, die für ihr schnelles Wachstum darauf angewiesen sind.

Schlechte Wasserqualität als Krankheitsursache

Auf schlechte Aquarienwasserqualitäten reagieren die Rochen sehr empfindlich. Die Folge davon ist wohl die häufigste bei Süßwasserrochen anzutreffende Folgeerscheinung einer unzureichenden Pflege. Oft begleitet durch eine anormale, schnelle Atmung beginnt sich die Oberhaut, die Epidermis, verhältnismäßig schnell aufzulösen. Die Haut hängt dabei regelrecht vom Körper herunter. Davon betroffene Rochen zeigen gleichzeitig ein zunehmendes, teilnahmsloses Verhalten und sterben schon nach kurzer Zeit. Bei den toten Rochen fällt ein nach Ammoniak riechender Geruch auf. Mehr läßt sich aber kaum ermitteln. Die Gründe für die folgenschweren Veränderungen könnten verschiedene Ursachen haben. Genaues ist nicht bekannt. Neben Wasserwerten, die außerhalb der vertretbaren Spanne liegen, sind mit Sicherheit zu hohe im Aquarium vorhandene Nitratwerte für die Hautschäden verantwortlich. Die Nitratwerte dürfen daher 50 bis 70 mg/l Wasser keinenfalls übersteigen. Schon bei geringstem Verdacht einer beginnenden Hautschädigung ist ein Teilwasserwechsel angesagt und eine Überprüfung des Nitratwerts notwendig. Gleichzeitig ist die Ursache für die Verschlechterung der Wassergüte zu ermitteln. Beispielsweise kann dies auch an einem schlecht funktionierenden oder stark verschmutzten Filtersystem liegen. Vielfach ist dabei auch ein massiver Sauerstoffabfall im Aquariumwasser zu beobachten. Darüberhinaus zeigen sich die Rochen auch gegenüber allerlei Umweltgiften sehr empfindlich. So können hohe, aus der Hausinstallation stammende Kupferwerte die Rochen schädigen. Hier hilft jeweils nur ein langanhaltendes Durchspülen der Leitung vor jedem Teilwasserwechsel, um den Kupfergehalt möglichst gering zu halten. Allerdings tritt dieses Problem meist nur bei veralteten Hausinstallationen ein. Trotz eines umgehenden Eingreifens kann leider jede Hilfe zu spät kommen und der Krankheitsverlauf kann nicht gestoppt werden. Deswegen ist es notwendig, das Aquariumwasser zur Vorbeugung regelmäßig zu kontrollieren und die Teilwasserwechsel und die Filterreinigung nicht zu vernachlässigen.

Infektionskrankheiten

Die bei Aquarienfischen üblicherweise auftretenden Krankheiten treten bei Süßwasserstachelrochen eher selten auf. Einige Infektionskrankheiten sind jedoch bekannt. Allerdings ist es dem Pfleger kaum möglich, eine Infektionskrankheit einem bestimmten Erreger zuzuordnen. Bei geröteten Hautstellen könnte es sich beispielsweise um eine **bakterielle Infektion** handeln, die unter Umständen aufgrund einer Verletzung auftreten kann. Sofern die Entzündung nicht bald wieder abklingt, nimmt das Gewebe ein blutunterlaufenes Aussehen an. Bei manchen Fällen rollen sich sogar die Brustflossensäume nach oben gerichtet zusammen. Eine Behandlung mit einem Antibiotikum kann dem Krankheitsverlauf Einhalt bieten, wobei ein Heilungserfolg nicht unbedingt garantiert sein muß.

Achtung: Auch Darmparasiten können die Rochen befallen. Mit zunehmender Trägheit ist eine Freßunlust verbunden, was schließlich zum Tod führt.

Ein Anzeichen für **Darmparasiten** kann ein weißlicher, schleimiger Kot sein. Hierfür können zum Beispiel Fadenwürmer verantwortlich gemacht werden. Eine Behandlung mit einem geeigneten Medikament kann bei frühzeitiger Erkennung eine Heilung versprechen. **Pilzinfektionen** können bei Rochen ebenfalls auftreten. Dies häufig auch infolge von Verletzungen. Die Pilzinfektionen erkennt man an den weißlichen, flächigen Belägen oder weißen fadenartigen Gebilden auf der Haut. Sie lassen sich ebenfalls medikamentös behandeln. Saubere Wasserverhältnisse und die Beseitigung der Ursachen, die zu Verletzungen führen können, wie scharfe Kanten an Steinen, können Pilzinfektionen verhindern helfen.

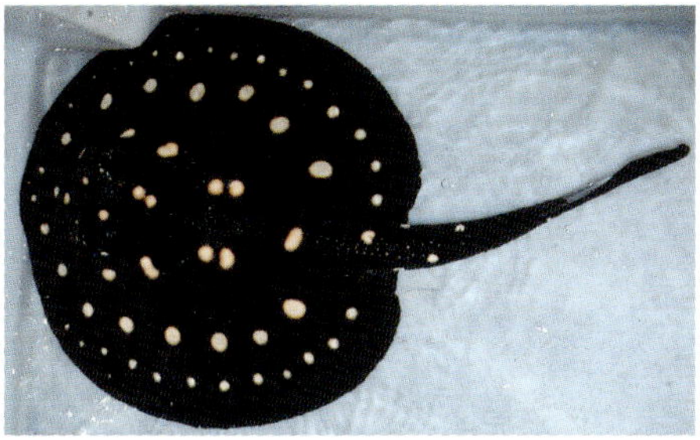

Ein Rochen in einer Transportwanne.

Zugegebenermaßen ist die Behandlung von Infektionskrankheiten bei Rochen ein schwieriges Unterfangen. Vielfach verläuft eine Behandlung „ins Blaue", da die Erreger für ein bestimmtes Krankheitsbild nicht ermittelt werden können. Dafür hat nur ein fischpathologisches Institut die nötigen Voraussetzungen. Dennoch kann eine Behandlung der Rochen nicht als völlig aussichtslos angesehen werden. Allerdings sind die Medikamente sehr vorsichtig einzusetzen. Gerade die altbewährten Medikamente wie Malachitgrün oder Methylenblau enthalten „Kupfer" und sind deshalb zur Behandlung von Krankheiten wenig geeignet. Auch Antibiotika dürfen nicht aufs Geratewohl eingesetzt werden. Sie gelangen in den natürlichen Wasserkreislauf und stellen dort ein Problem dar. Deshalb kann es sich lohnen bei einem auf Fische spezialisierten Tierarzt zuerst einen Rat einzuholen, um danach eine Behandlung in Angriff zu nehmen. Allerdings hat dies umgehend zu geschehen, denn die meisten Krankheitsverläufe bei Rochen nehmen einen schnellen Verlauf, so daß wenig Zeit zum Reagieren bleibt.

Verletzungen

Für den Transport wird dem Rochenstachel nicht selten ein Kunststoffröhrchen übergestülpt. Dieses soll verhindern, daß sich die Rochen verletzen oder die Transportgefäße beschädigt werden. Beim Einsetzen der Rochen ins Heimaquarium ist das Kunststoffröhrchen auf dem Stachel zu belassen. Das Entfernen der Röhrchen würde für die Rochen ein zu großer Streß bedeuten, da man gezwungen wäre, mit einiger Kraftanwendung die Schutzhüllen zu entfernen. Zudem wäre die Verletzungsgefahr für den Pfleger zu groß. Deshalb wird einfach abgewartet, bis sich der Stachel erneuert.

Verletzungen bei den Rochen treten vor allem bei der Paarung auf. Diese Wunden heilen in der Regel aber sehr schnell, so daß keine Maßnahmen ergriffen werden müssen. Bei sauberen Wasserverhältnissen besteht auch keine Infektionsgefahr. Normalerweise sollten auch kleinere Wunden, die sich die Rochen an Einrichtungsgegenständen zufügen können, keine nachteiligen Folgen haben. Treten jedoch wiederholt Verletzungen auf, dann ist die Einrichtung entsprechend zu korrigieren.

Häufig können aber Probleme entstehen, wenn verschiedene Rochenarten miteinander vergesellschaftet werden. Gelegentlich können auch aus unerklärlichen Gründen langanhaltende Streitereien zwischen gleichartigen Individuen auftreten. Sobald solche Auseinandersetzungen über einen längeren Zeitraum andauern, können die schwächeren Exemplare Schaden nehmen. Die entstandenen Wunden können aufgrund immer neuen zugefügten Verletzungen nicht mehr abheilen und begünstigen so das Auftreten von Infektionskrankheiten. Weiterhin ist es auch nicht auszuschließen, daß ein schwächeres Tier regelrecht zerfetzt wird und an den zugefügten Verletzungen stirbt. In solchen Situationen sind die Kontrahenten zu trennen.

Zur Behandlung von Verletzungen bestehen kaum Möglichkeiten. Dies ist aber auch nicht unbedingt nötig. Allerdings ist bei verletzten Rochen noch genauer auf die hygienischen Maßnahmen, wie Teilwasserwechsel und die Filterreinigung zu achten. Sofern sich keine Krankheitskeime in großer Anzahl im Aquariumwasser befinden, ist die körpereigene Abwehr der Rochen durchaus in der Lage eine Wundheilung zu unterstützen.

Schlußbemerkungen

Ob sich die Bezeichnung P. orbignyi *für diese Rochenart durchsetzen wird ist zweifelhaft. Sie ist besser unter dem Namen* P. reticulatus *bekannt.*
Foto: Hans Gonella

Die Pflege von südamerikanischen Süßwasserstachelrochen ist bestimmt keine Freizeitbeschäftigung, die als unüberlegtes Abenteuer beginnen sollte. Viel eher ist die Haltung von den faszinierenden Fischen eine höchst anspruchsvolle Sache. All jene, die keine Möglichkeiten haben den Rochen entsprechend geräumige Aquarien anzubieten und auch nicht die Zeit dazu haben, ihnen die nötige Pflege zukommen zu lassen, müssen sich, so schwer dies auch sein mag, nach einer anderen, „pflegeleichteren" Fischart umsehen. Schließlich kann man sich auch in den großen Schauaquarien der Zoologischen Gärten am Anblick der gewaltigen Fische erfreuen. Mit einem Verzicht wird der verantwortungsbewußte Aquarianer indirekt auch seinen ganz persönlichen Beitrag zum „Schutze" der Süßwasserstachelrochen beitragen. Dies zumal in Südamerika eine stark zunehmende Zersiedlung auch die Lebensräume der Süßwasserstachelrochen beeinträchtigen.

Der unerfahrene Aquarianer hat ebenfalls auf die Rochenpflege zu verzichten. Und auch wenn die Fülle an den angebotenen Aquarium-Fachbüchern eine gute theoretische Grundlage bieten können, verlangt das Spezialgebiet der Rochenpflege doch mehr. Das heißt auch, daß kein Fachbuch der Welt die persönliche Erfahrung ersetzen kann. Gerade weil sich meist nur erfahrene Aquarianer mit der Pflege und Zucht von südamerikanischen Süßwasserstachelrochen auseinandersetzen, wurde im vorliegenden Buch auf die Vermittlung allgemeiner aquaristischer Grundkenntnisse weitgehend verzichtet. Fehlen diese, müssen sie unbedingt mit dem Studium entsprechender Fachbücher erworben werden.

Das Pflegen von Rochen zählt zu jenen Gebieten der Aquaristik, die noch viele Fragen offen lassen. In der Zukunft gilt es noch manches eingehend zu untersuchen. Dies macht wahrscheinlich die Rochenpflege auch so interessant, weil sich die Möglichkeit bietet, noch so viel Neues entdecken zu können. Durch ihr Engagement können deshalb auch private Fachkreise einiges Beitragen, um die Wissenslücken über die Süßwasserstachelrochen zu schließen. Letztendlich wird dann auch die Beziehung, die man zu den Rochen aufbauen kann, verdeutlichen, wie wichtig der Schutz der natürlichen Lebensräume der Fische ist.

Literatur

BAENSCH, H. A. & RIEHL, R. 1983, 1985, 1995. Aquarien Atlas, Band 1, 2 & 4. Melle. ISBN 3-88244-010-4 / 3-88244-011-2 / 3-88244-038-4

CASTEX, M. N. & MARTINEZ ACHENBACH, G. 1965. Notas sobre aigunos ejempiares curiosos de la familia Potamotrygonidae GARMAN, 1913 (Chondrichthyes). Physis, Buenos Aires, 70(25), 245-247.

CHAUMETTE, F. 1997. Aqua bizarr. Aquarium *live* 1(4), 80.

COMPAGNO, L. J.V. & COOK, S. F. 1995. Freshwater elasmobranchs: a questionable future. Shark News, 4.

DREYER, S. 1995. Zierfische richtig füttern. Ruhmannsfelden. ISBN 3-927 997-46-3

ELLIS, J. 1999. Süßwasserstechrochen-Hybriden. DATZ 52(2), 64.

FIEDLER, K. 1991. Lehrbuch der Speziellen Zoologie, Band II, Fische. Stuttgart. ISBN 3-334-00338-8

GONELLA, H. 1996. Diskusfische im Rochenaquarium. Diskus Jahrbuch Spezial 3, 54-57. ISBN 3-931792-19-6

GONELLA, H. 1997. Ratgeber Süßwasserrochen. Ruhmannsfelden. ISBN 3-931792-39-0

GONELLA, H. 1997. Nachzucht vom „Pfauenaugenstechrochen“. Aquarium *live* 1(5), 11.

GONELLA, H. & SCHMIDT, J. 1999. Ecke der Importe. Süßwasserstechrochen – *Potamotrygon* sp. Aquarium *live* 3(2), 30-31.

GRZIMEK, B et al. 1970. Grzimeks Tierleben, Enzyklopädie des Tierreiches. Fische 1 (Vierter Band). München.

KADEN, J. 1980. „Fliegende Teppiche“: Süßwasserrochen. aquarien magazin 14(9), 456-457.

KRAUSE, H.-J. 1990. Handbuch Aquarienwasser. Ruhmannsfelden. ISBN 3-927 997-00-5

KRAUSE, H.-J. 1994. Handbuch Aquarientechnik. Ruhmannsfelden. ISBN 3-927 997-10-2

LANGE, M. & SCHMIDT, J. 1998. Stachelrochenzucht. Aquarium *live* 2(3), 20.

LÜLING, K.-H. 1979. Südamerikanische Fische und ihr Lebensraum. Wuppertal-Elberfeld, Ettlingen.

ROSA, R. 1985. A systematic revision of the South American freshwater stingrays (Chondrichthyes/Potamotrygonidae). Diss. (unveröffentlicht), Ann Arbor, Michigan, USA.

ROSS, R. 1998, Freshwater Stingray Identification Guide. Institute for Herpetological Research at the Santa Barbara Zoo, CA 93103, USA.

SCHOBER, M. 1995. Südamerikanische Süßwasserstachelrochen im Aquarium. DATZ 48(5), 285-287.

STAWIKOWSKI, R. 1993. Schwarze Rochen mit weißen Punkten. DATZ 46(1), 7-8.

STAWIKOWSKI, R. 1994. Die Fische Amazoniens. DATZ-Sonderheft, 19-20.

STEHMANN, M. 1996. Selektive Zusammenfassung und bibl. Ref. aus: NISHIDA, Kiyonori, 1990, Phylogeny of the Suborder Myliobatidoidei (Stammesgeschichte der Unterordnung Myliobatidoidei, Stachelrochenartige), Elasmoskop (2), 18.

WICKER, R. 1991. Haltung und Zucht des Pfauenaugenstechrochens (*Potamotrygon motoro*). Jahresbericht des Zoologischen Gartens der Stadt Frankfurt a.M. 69-71.

WICKER, R. 1998. Stachelrochen-Kinderschwemme. DATZ 51(8), 482.